# MANUEL
## DES EMPLOYÉS
### DE LA GARANTIE.

DE L'IMPRIMERIE DE CELLOT,
RUE DES GRANDS-AUGUSTINS, n° 9.

# MANUEL
# DES EMPLOYÉS
## DE LA GARANTIE,

Contenant les Lois, Arrêtés, Règlemens, Instructions et Circulaires relatifs au titre et à la marque des ouvrages d'or ou d'argent, à la perception du droit, et à la poursuite des délits et contraventions qui en dépendent;

Avec un Traité de la Procédure sur ce genre de délits, soutenu de l'autorité des divers arrêts des Cours Impérales et de Cassation, rendus sur les questions multipliées qui se sont présentées à ce sujet;

Et précédé d'une Introduction sur l'origine de la marque du titre, et sur les Tribunaux et Cours d'exception chargés de la connoissance des délits qui y étoient relatifs:

Ouvrage également utile aux Marchands et Fabricans en Orfévrerie et Dorures, aux Employés des Droits réunis et de la Garantie, et à MM. les Jurisconsultes et Officiers ministériels.

PAR A. L. DE St-H., JURISCONSULTE.

———

## A PARIS,

CHEZ ARTHUS BERTRAND, LIBRAIRE,
RUE HAUTEFEUILLE, N° 23.

———

1813.

# AVERTISSEMENT.

L'ouvrage que je présente au Public est
un travail de collection entrepris d'abord
pour mon usage, dans les causes de garantie sur lesquelles j'ai été consulté quelquefois : je n'avois pas la prétention, en le
formant, de faire un livre ; mais j'ai cédé
à la séduction d'un employé supérieur
dans la partie de la garantie, qui m'a engagé à le publier, comme pouvant être
utile aux employés de ce service et à ceux
de l'Administration des droits réunis, et
même aux orfévres, bijoutiers, et autres
marchands et fabricans d'ouvrages d'or et
d'argent.

Mon zèle s'est accru par l'accueil favo-
rable que m'a accordé l'Administration

des monnoies ; j'ai trouvé un motif d'encouragement dans ce qu'elle a répondu de flatteur à l'hommage que je lui ai fait de cet opuscule, et j'ai profité de mon séjour à Paris pour mettre une dernière main à mon travail, et en entreprendre la publication sous le titre de *Manuel*, qui est le seul qui lui soit propre.

Mon désir est d'être utile. J'ai espéré d'atteindre ce but par la méthode que j'ai suivie, et qui est celle des meilleurs commentateurs : j'ai classé dans un cadre rétréci, et à côté de la loi, les décisions propres à en expliquer le texte ; je me suis abstenu de ces longs raisonnemens, qui souvent au lieu d'éclaircir les doutes ne servent qu'à en faire naître ; je n'ai posé de préceptes que ceux qui pouvoient être rigoureusement justifiés par la jurisprudence des arrêts : de manière que dans la totalité de cet ouvrage, il n'y a pas une seule proposition qui ne se rattache à l'autorité rapportée de la chose jugée, et qui ne puisse être appréciée aisément par la classe la moins exercée à l'étude.

Ainsi, les employés de la garantie, comme ceux des droits réunis, les officiers ministériels, les jurisconsultes, les fabricans et marchands d'orfévrerie, bijouterie et dorures, trouveront réunis dans ce volume commode et peu coûteux toutes les lois, arrêtés, règlemens et circulaires qui ont paru depuis le régime de la loi du 19 brumaire an 6, relativement à la *garantie du titre des matières d'or et d'argent*, et à la perception du droit; ils y trouveront les décisions rendues sur les nombreuses questions qui se sont présentées depuis cette époque. Ce Manuel sera d'autant plus utile aux orfévres, bijoutiers et joailliers, qu'ils y trouveront sans effort de mémoire et sans de pénibles recherches, tout ce que la législation et la jurisprudence ont de relatif à leur commerce.

—

# INTRODUCTION.

La surveillance du gouvernement sur le commerce d'orfévrerie remonte aux époques les plus reculées; on en trouve la preuve dans la charte des priviléges accordés en 1211, par Philippe II, aux ouvriers et monnoyeurs du serment de France, qui est elle-même fondée sur d'anciens usages non écrits, mais conservés parmi les orfévres par tradition.

Des lois et règlemens de toute antiquité ont fixé à différentes époques le titre des onvrages d'or et d'argent mis dans le commerce; il fut toujours défendu, sous des peines très-sévères, d'ouvrer à plus bas titre que celui qui avoit été ordonné : telles sont les dispositions des ordonnances, édits, règlemens et lettres patentes des 1275, 1313, 1384 et autres, rendus successivement dans les quinzième, seizième, dix-septième et dix-huitième siècles, jusques et inclus l'ordonnance du 16 janvier 1749, qui se trouvent rappelées dans les statuts du corps des orfévres des années 1260, 1355, 1579 et autres postérieurs.

Cette surveillance fut exercée dès les premiers temps, et jusqu'à nos jours, par les

maîtres généraux des monnoies, dont la juridiction, connue plus tard sous le titre de Cour,
et aujourd'hui sous celui d'Administration des
monnoies, s'étendoit privativement sur tout ce
qui étoit relatif au fait des monnoies, à leur
titre et à leur fabrication.

Ces officiers, qui, dès le principe de la mo-
narchie et avant la création des hôtels des monnoies, avoient été attachés simplement à la suite
des souverains sous les ordres de qui ils faisoient frapper les monnoies et les médailles
consacrées à leurs fastes, furent réunis ensuite
dans l'ancien bureau de la chambre des comptes
à Paris, aux trésoriers généraux et aux maîtres
des comptes, avec qui ils formèrent un corps de
magistrature sédentaire chargé de prononcer
sur toutes les questions relatives aux finances
de l'état.

En 1358, les maîtres généraux des monnoies
furent séparés en un seul corps, sous le titre
de Cour des monnoies; le nombre de ces officiers, qui jusque-là n'avoit été que de trois,
fut porté à la quantité nécessaire et relative à
l'étendue de leurs fonctions. François Ier, par
son édit de 1516, leur donna la qualité de
conseillers généraux maîtres des monnoies.

Mais, avant comme depuis cette séparation

des trois corps, ce furent toujours les maîtres
des monnoies qui prononcèrent privativement
sur les questions relatives au titre et à la qualité
des ouvrages d'orfévrerie. Voici ce qu'on lit à
ce sujet dans un ouvrage imprimé à Paris
en 1658, sous le titre de *Traité de la Cour
des monnoies.*

« Mais bien que jusques audit temps 1358,
» lesdites trois compagnies aient conjointement
» travaillé en certaine nature d'affaires mixtes,
» si est-ce pourtant que de toute ancienneté,
» et de leur première institution, les généraux
» maîtres des monnoies ont eu, comme ils ont
» encore à présent, jurisdiction privative et
» souveraine du fait des monnoies et fabrica-
» tion d'icelles; bail à ferme et réception de
» caution sur les maîtres, officiers, ouvriers et
» monnoyeurs, soit pour le poids, alloy et re-
» mède d'icelles, pour le cours et prix tant des
» monnoies de France que des étrangères,
» comme aussi pour régler le prix du marc
» d'or et d'argent, faire observer les édits et
» règlemens sur le fait des monnoies par les
» maîtres et officiers d'icelles, changeurs, or-
» févres, joailliers, affineurs, orbateurs, tireurs
» et escacheurs d'or et d'argent, lapidaires,
» merciers, fondeurs, alchimistes, officiers des

» mines, graveurs, doreurs, horlogeurs, et gé-
» néralement pour toute sorte de personnes
» travaillant ou trafiquant en matières ou be-
» sognes d'or et d'argent dans toute l'étendue
» du royaume.

» Cette jurisdiction privative est tellement
» ancienne, qu'il se trouve dans la charte des
» priviléges que le roy Philippe - Auguste,
» deuxième du nom, octroya à tous les ou-
» vriers et monnoyeurs du serment de France,
» donnée à Paris le 6 des calendes de décem-
» bre 1211, et qui est insérée dans le manus-
» crit qui est dans les archives de la monnoie
» de Toulouse, qu'on ne pouvoit traduire les-
» dits ouvriers et monnoyeurs devant autres
» juges que le maître des monnoies, sinon dans
» les trois cas exceptés, savoir , d'homicide,
» de rapt et d'incendie. »

Ce qui est dit dans l'ouvrage cité de la juridiction des maîtres des monnoies, sur les orfévres et fabricans d'orfévrerie, est prouvé in-
contestablement par plusieurs articles des édits
et réglemens pour ledit métier, des mois de
mars 1378 et d'avril 1384, et plus particulière-
rement par les art. 45 et 134 de cette vieille
ordonnance de 1211, ainsi conçus.

(Art. 45.) « *Item*, que lesdits généraux

» maîtres aillent souvent visiter les monnoies,
» changeurs, marchands, ouvriers et mon-
» noyeurs, et autres officiers repairans aux
» monnoies, et se ils trouvent aucuns qui ne
» fasse son office bien reaument, ou qui fasse
» outre le titre ou ordonnance des monnoies,
» qu'ils le punissent sans faveur ni déport.

(Art. 134.) « *Item,* par toutes les bonnes
» villes où ils passeront, ils enquerront l'état
» des changeurs, orfévres, ouvriers, tablet-
» tiers, affineurs, courratiers, et sçauront si les
» ordonnances sont bien gardées. »

L'intérêt public fut essentiellement la base
des premières lois rendues sur cette branche
d'industrie commerciale ; le titre des matières
ouvrées en fut l'objet principal. Jusqu'en 1341
les ouvrages d'or et d'argent furent exempts
de tout droit ; mais par édits successifs des
25 avril de ladite année et 17 février 1349, les
orfévres, et même les changeurs, furent imposés pour raison des ouvrages d'or et d'argent, et pour les vaisselles dorées, émail-
lées, etc., qu'ils mettroient en commerce : cet
impôt fut commun à tous les corps de métiers.

L'ordonnance d'Henri III, du 26 juillet 1574,
régularisa l'imposition appliquée aux orfévres
par les édits précédens ; ce souverain établit un

*droit de remède* sur tous les ouvrages qui seroient fabriqués par eux : expression tirée du remède ou alliage autorisé par les statuts et règlemens. Cette ordonnance adjugea au roi ledit droit; et par édit du mois de septembre 1579, il fut créé un contrôleur général, pour contrôler et *faire la recette des droits qui lui appartiendroient à l'avenir à cause desdits remèdes.*

Ainsi s'établit le droit de remède connu aujourd'hui sous la qualification de droit de garantie de la marque d'or. Il a existé aussi à différentes époques sous la dénomination de *droit de seigneuriage*; il fut toujours réglé sur le poids et le titre des ouvrages. On trouve des époques où il fut abonné avec le corps des marchands d'orfévrerie; mais cette méthode ne fut pas de longue durée, on revint toujours au premier système, comme étant le plus sûr et le plus conforme à la justice.

La quotité de ce droit a éprouvé bien des variations : il étoit très-modique à son origine; mais le luxe croissant chaque jour, il étoit naturel d'accroître ce genre d'imposition, qui ne portoit que sur les personnes riches. Aussi il fut augmenté progressivement par plusieurs édits et ordonnances. La déclaration du roi

du mois de janvier 1749, porte que les droits
de marque sont dus non-seulement sur toute
sorte d'ouvrages neufs, mais encore sur la vaisselle et sur tous les autres gros ouvrages qui seroient revendus par les marchands orfévres et
autres trafiquans et travailleurs en or et en argent, autant de fois qu'ils en feroient la revente,
quoique les ouvrages fussent déjà marqués et les
droits payés lors de la première vente.

La perception du droit de remède, dont la
surveillance avoit été donnée d'abord à des
contrôleurs généraux créés à titre d'office,
fut réunie à la ferme générale des monnoies,
en 1673. Un arrêt du conseil du mois de septembre fixa au 1er d'octobre suivant l'époque
où le fermier général entreroit en jouissance,
tant pour le droit que pour la ferme générale
des monnoies : il fut permis au fermier d'établir des commis dans les hôtels des monnoies,
pour en faire la perception.

Dès lors les lois relatives au commerce d'orfévrerie, qui jusque-là avoient été purement
libérales, se divisèrent en deux classes, celles
relatives au droit, et celles relatives à la garantie du titre. Elles eurent chacune leurs agens
d'exécution.

La Cour des monnoies étoit en possession de

la juridiction privative et souveraine pour les
contestations qui pourroient s'élever relativement au titre des matières mises en œuvre ;
les maîtres généraux étoient autorisés , pour
l'exercice de leur surveillance, à visiter les ouvrages des orfévres *en tous lieux qu'ils pourroient se trouver , même sans appeler les
propriétaires ou fabricans,* s'ils le jugeoient
ainsi convenable ( ordonnances précitées des
années 1378 et 1384). Ces attributions lui furent
confirmées successivement par les édits et ordonnances de 1551, 1554, 1570, 1645 , etc.
On lit dans le texte de l'édit du 19 mars 1645,
ces expressions remarquables : « La Cour des
» monnoies établie de toute ancienneté , et
» seule dans le royaume, connoît des appella-
» tions des chambres des monnoies du royaume
» et autres en dépendant ; elle a la jurisdiction
» de toutes les contestations pour raison du
» commerce de l'or et de l'argent , et matières
» d'icelui ; elle députe annuellement des offi-
» ciers d'icelle pour se transporter dans les
» provinces du royaume. Sa jurisdiction est
» souveraine à la connoissance des métaux.

» Les priviléges des officiers de la Cour des
» monnoies sont les mêmes que ceux attribués

» aux parlemens, cours des aides et autres
» souveraines. »

Cette surveillance, attribuée à l'administration des monnoies sur le titre des ouvrages
et matières d'or et d'argent, fut exercée long-
temps par les orfévres entre eux, au moyen
de gardes d'orfévrerie ou prudhommes nommés
par eux, et qui alternoient dans leurs fonctions. L'art. 27 des statuts rédigés sous le roi
Jean, en 1355, dit « qu'il sera nommé chaque
» année cinq à six prud'hommes par les prud'-
» hommes sortans, lesquels, s'ils trouvent
» homme du métier fabriquant du mauvais or
» ou argent, le traduiront, en cas de récidive,
» devant le prévôt de Paris, qui pourra pro-
» noncer le bannissement. »

L'édit de Charles V, du 3 mai 1367, rendu
sur la demande des orfévres du Puy-en-Velay,
motivée sur l'usage ancien, autorisa la nomination de deux gardes d'orfévrerie qui étoient
autorisés, comme précédemment, à visiter les
ouvrages de leur métier, et à les rompre la
première et la seconde fois lorsqu'ils en trouvoient qui n'étoient pas conformes aux règlemens. La troisième fois ils dénonçoient l'ouvrier au bailli.

Enfin, un édit de Charles VI, du mois

d'avril 1384, autorisa aussi les orfévres à faire des visites chez les changeurs, par rapport aux ouvrages d'or et d'argent qui s'y trouvoient; et en cas d'inexécution des ordonnances sur le titre, il fut dit qu'*ils devoient rapporter les pièces et leur avis aux généraux maîtres des monnoies, qui jugeroient.*

Mais la participation des orfévres et des gardes d'orfévrerie dans la surveillance à exercer sur les marchands et fabricans d'ouvrages d'or et d'argent, ne porta aucune atteinte à la juridiction privative des maîtres généraux; à eux seuls il appartint toujours de décider les questions relatives au titre et à la partie d'art.

L'exercice des attributions données à la cour des monnoies sur le commerce d'orfévrerie, donna lieu aux mesures accessoires que nous voyons réglées par plusieurs édits et ordonnances relatifs à la garantie; l'édit de Philippe le Hardi, du mois de décembre 1275, en même temps qu'il ordonna aux orfévres de n'ouvrer qu'argent affiné, les obligea d'appliquer un seing particulier à leurs ouvrages, afin d'être à portée de reconnoître plus aisément les auteurs des fraudes.

Parmi les nombreuses ordonnances de police rendues successivement sur cette matière,

on voit celle du mois de mars 1672, qui rappelle l'exécution de celles antérieures : elle assujettit les ouvrages d'or ou d'argent à être
marqués d'un poinçon portant l'empreinte
d'une fleur de lys et de la lettre de la monnoie au-dessous ; elle porte défense d'exposer
en vente aucun ouvrage qu'il n'ait été marqué
et le droit payé, à peine de confiscation. Une
autre du 22 juillet 1681 , établit deux poinçons pour la marque desdits ouvrages ; elle
qualifie poinçon de décharge celui qui étoit
appliqué aux ouvrages entièrement finis. Les
menus ouvrages qui n'étoient pas susceptibles
de recevoir l'application des poinçons sans détérioration, n'en payoient pas moins le droit ;
ils étoient réunis sous un cachet particulier établi à cet effet.

D'après une disposition de cette ordonnance
de 1681 , les empreintes des poinçons des fabricans devoient être insculpées sur une table
de cuivre, et déposées au greffe de la Cour des
monnoies de Paris et à la monnoie de Lyon ;
la peine pour le cas de contrefaçon étoit de
3,000 livres d'amende pécuniaire, de l'amende
honorable et de cinq ans de galère ; en cas de
récidive, les galères étoient à perpétuité.

La perception du droit de marque et la

recherche des contraventions relativement au paiement, furent abandonnées au fermier ; il fut rendu plusieurs édits et ordonnances pour lui en faciliter le recouvrement.

Un arrêt du conseil du mois d'avril 1672, avoit permis au fermier général d'établir des commis dans les hôtels des monnoies pour le recouvrement du droit tel qu'il avoit été fixé par l'ordonnance du mois de mars précédent ; plusieurs autres, tels que ceux rendus en 1678 et 1680, et enfin l'ordonnance de 1681, l'autorisèrent à faire des visites chez les marchands d'orfévrerie pour en rechercher la fraude.

L'ordre de poursuite sur les instances qui pourroient s'introduire relativement à l'exécution de cette ordonnance du mois de mars, avoit été réglé par un arrêt du même conseil du 30 décembre 1673 ; l'ordonnance du mois de juillet 1681 régla aussi les attributions des tribunaux ordinaires sur ce genre de procès : on y voit décidé irrévocablement, que dans le cas où il s'agissoit de la saisie d'effets non marqués, la connoissance devoit en être portée aux officiers de l'élection, pour juger en première instance ce qui touche à la fraude du droit ; mais qu'à la Cour des monnoies seulement appartenoit le droit de décider sur le titre. L'application de cette règle de principe fut faite par arrêts de la cour des aides du 22 décembre de la même année, et du conseil d'état du 28 décembre 1686, relativement à une saisie faite par le fermier, d'effets supposés non marqués.

Ainsi, cette démarcation de pouvoirs et d'attributions d'entre les agens de la garantie du titre des matières d'or et d'argent et ceux du droit de marque, fut de tout temps, comme elle est encore aujourd'hui : l'administration des monnoies, chargée de déterminer le titre des monnoies en circulation, et des ouvrages d'orfévrerie jetés dans le commerce, doit aussi au public la garantie du titre par tous les moyens que la loi a mis à sa disposition.

Ainsi, ce fut toujours d'après son avis que furent rendus les différens édits qui ont réglé le degré d'alliage autorisé dans les matières employées à la fabrication des ouvrages d'orfévrerie ; c'est elle qui surveilla toujours l'exécution de ces réglemens au moyen des agens établis par elle. Ce fut l'administration des monnoies qui provoqua l'édit de 1696, portant création d'offices de contrôleurs de la marque, et ensuite celui de 1707, portant création des offices de contrôleurs et d'essayeurs, afin d'être à portée de connoître et de réprimer plus facilement les abus qui s'étoient introduits dans les systèmes adoptés auparavant pour cette surveillance.

Tel fut pendant plusieurs siècles, et jusqu'à l'époque de la révolution, l'ordre qui régit cette partie d'administration publique.

Alors les lois sur la garantie se ressentirent du système de relâchement répandu sur toutes les parties de l'administration; il s'introduisit des abus sur lesquels les tribunaux restèrent long-temps muets.

En 1791, l'assemblée constituante crut qu'il étoit de l'intérêt du commerce d'orfévrerie et de joaillerie, de ramener la confiance sur cette branche intéressante de l'industrie nationale; elle ordonna que, jusqu'à ce qu'il fût fait un nouveau règlement général sur la police et l'administration de l'orfévrerie, les lois et règlemens existans sur la marque et le contrôle des matières d'or et d'argent, continueroient à être exécutés suivant leur forme et teneur.

Une loi du 11 fructidor an 2 abolit les procédures alors existantes sur les droits de marque d'or et d'argent.

Cette disposition étoit plutôt une amnistie sur les fautes passées, qu'un relâchement sur

les principes salutaires d'après lesquels avoient
été portés les édits et déclarations antérieurs :
car la même loi chargeoit le comité des finances
de faire un rapport général, dans le plus court
délai possible, sur la marque d'or et d'argent,
et sur le moyen d'en assurer le titre ; cependant
elle produisit des abus et la négligence des devoirs les plus sacrés. Aussi le directoire exécutif
dut-il prendre un arrêté le 21 brumaire de l'an
5, pour ordonner, de plus fort, l'exécution
des règlemens antérieurs sur le commerce et
l'emploi des matières d'or et d'argent ; il pres-
crivit en même temps quelques règles sur l'exercice du commerce d'orfévrerie : nous les trou-
verons classées parmi les lois et règlemens relatifs à notre espèce.

Enfin ce rapport demandé au comité des
finances fut fait : il en résulta l'émission de la
loi du 19 brumaire an 6 ; elle est le complé-
ment de la législation sur *le droit de marque
et contrôle des matières d'or et d'argent ;*
elle embrasse toutes les parties du service et
en prévoit toutes les difficultés.

En substituant aux anciennes dénominations
*le droit de garantie*, la loi du 19 brumaire
an 6 a tracé des règles certaines pour la sûreté
du titre, la perception du droit et la surveil-

lance des contraventions ; le contribuable, les employés et les officiers ministériels trouvent, dans un seul cadre, leurs devoirs et leurs droits ; et sous cette garantie rassurante, l'on doit dire que le commerce de bijouterie et d'orfévrerie a repris une force nouvelle, fruit bien précieux de la confiance qu'elle a rétablie sur cette branche d'industrie nationale.

C'est d'après cette loi du 19 brumaire an 6, qu'est régi aujourd'hui le service de la garantie pour les matières d'or et d'argent : elle contient cette distinction de pouvoirs et d'attributions qui existoit sous le régime des lois anciennes, mais elle retire aux orfévres le droit qu'ils avoient de faire eux-mêmes les essais et la vérification du titre des ouvrages les uns des autres alternativement, et transporté ce pouvoir à des essayeurs en titre, placés sous la surveillance de l'administration des monnoies.

En conséquence, l'administration des monnoies est chargée de la surveillance générale des bureaux de garantie, en tout ce qui est relatif à la partie d'art et au maintien de l'exactitude des titres des ouvrages mis dans le commerce ; elle prononce sur les doutes relatifs à la légalité des poinçons, elle en détermine la forme et les changemens, selon la nature des circonstances ; elle prononce aussi sur les difficultés qui pourroient s'élever sur les résultats des essais. L'Administration des droits réunis a la surveillance relative aux dépenses et à la perception du droit seulement ; elle remplace en cela l'Administration de l'enregistrement, qui en avoit été chargée par cette loi, et qui remplaçoit elle - même l'ancien fermier du droit.

Depuis la loi du 19 brumaire an 6, il a été rendu plusieurs lois et arrêtés sur la garantie ; mais leurs dispositions se rattachent toutes à celle-ci : elles sont relatives à son application, ou interprétatives des termes dont elle se compose. Aussi commencerons-nous cet ouvrage par la copie du texte analysé ; nous classerons à leur place celles qui ont suivi, et les instructions ou circulaires de l'Administration, en rapportant sur chaque partie les arrêts qui ont décidé les difficultés qui se sont élevées sur leur application ; nous retracerons aussi les dispositions des lois ou arrêtés antérieurs, toutes les fois que leur application se trouvera rappelée.

La deuxième partie sera entièrement destinée au contentieux ; elle contiendra les notions les

plus utiles sur les exercices et les visites propres
à découvrir les contraventions, sur la forme
des procès verbaux qui doivent les constater,
et sur les poursuites qui en sont la suite.

# MANUEL
# DES EMPLOYÉS
## DE LA GARANTIE.

~~~~~~~~~~~~~~~~~~~~~~~~~~~~~~~~~~~~~~~~~~~~~~~~~~

## PREMIÈRE PARTIE.

### LOIS, DÉCRETS, ARRÊTÉS, RÈGLEMENS, INSTRUCTIONS ET CIRCULAIRES.

---

## Loi du 19 Brumaire an 6.

### TITRE PREMIER.

#### SECTION PREMIÈRE

*Des Titres des ouvrages d'or et d'argent.*

##### ARTICLE PREMIER.

Tous les ouvrages d'orfévrerie et d'argenterie fabriqués en France, doivent être conformes aux titres prescrits par la loi, respectivement suivant leur nature.

2. Ces titres, ou la quantité de fin contenue dans chaque pièce, s'exprimeront en mil-lièmes. Les anciennes dénominations de karats
~~~~~~~~~~~~~~~~~~~~~~~~~~~~~~~~~~~~~~~~~~~~~~~~~~

et de deniers, pour exprimer le degré de pureté des métaux précieux, n'auront plus lieu.

3. Il est cependant permis, pendant un an, à compter de la date de la présente loi, d'employer dans les actes ou écrits qui sont dans le cas de passer sous les yeux d'un officier public, les anciennes expressions de *karats, deniers*, ou leurs subdivisions, mais seulement à la suite du nombre de millièmes qui devra exprimer la vraie qualité du métal précieux.

4. Il y a trois titres légaux pour les ouvrages d'or, et deux pour les ouvrages d'argent ; savoir : pour l'or, le premier de 920 millièmes ( ou 22 karats $2/32^e \frac{1}{2}$ environ ) ; le second de 840 millièmes ( 20 karats $5/32^e \frac{1}{3}$ ) ; le troisième de 750 millièmes ( 18 karats ) ;

Et pour l'argent, le premier de 950 millièmes ( 11 deniers 9 grains 7/10 ) ; le second de 800 millièmes ( 9 deniers 14 grains ).

5. La tolérance des titres pour l'or est de 3 millièmes ; celle des titres pour l'argent est de 5 millièmes (1).

---

(1) Une loi du 2 germinal an 7, contient des exceptions pour la manufacture nationale de Besançon, et

6. Les fabricans peuvent employer, à leur gré, l'un des titres mentionnés en l'article 4, respectivement pour les ouvrages d'or et d'argent, quelle que soit la grosseur ou l'espèce des pièces fabriquées.

## SECTION II.

### *Des Poinçons.*

7. La garantie du titre des ouvrages et matières d'or et d'argent est assurée par des poinçons; ils sont appliqués sur chaque pièce ensuite d'un essai de la matière, et conformément aux règles ci-après.

8. Il y a pour marquer les ouvrages tant en or qu'en argent, trois espèces principales de poinçons ; savoir :

Celui du fabricant,

Celui du titre,

Et celui du bureau de garantie.

Il y a d'ailleurs deux petits poinçons, l'un

---

pour les départemens du Jura, de la Haute-Saône et du Mont-Terrible. Voyez la table à la fin de l'ouvrage.

Autre du 3 vendémiaire an 8, sur le même objet. V. la table.

pour les menus ouvrages d'or, l'autre pour les menus ouvrages d'argent, trop petits pour recevoir l'empreinte des trois espèces de poinçons précédentes.

Il y a de plus un poinçon particulier pour les vieux ouvrages dits *de hasard;*

Un autre pour les ouvrages venant de l'étranger;

Une troisième sorte pour les ouvrages doublés ou plaqués d'or et d'argent;

Une quatrième sorte, dite *poinçon de recense*, qui s'applique par l'autorité publique, lorsqu'il s'agit d'empêcher l'effet de quelque infidélité relative aux titres et aux poinçons;

Enfin, un poinçon particulier pour marquer les lingots d'or ou d'argent affinés.

9. Le poinçon du fabricant porte la lettre initiale de son nom, avec un symbole; il peut être gravé par tel artiste qu'il lui plaît de choisir, en observant les formes et proportions établies par l'administration des monnoies (1).

10. Les poinçons de titre ont pour em-

---

(1) Un arrêté de l'administration des monnoies, du 17 nivôse an 6, détermine la forme de ce poinçon. V. la table.

preinte un coq avec l'un des chiffres arabes 1, 2, 3, indicatif des premier, second et troisième titres, fixés dans la précédente section. Ces poinçons sont uniformes dans toute la république, chaque sorte de ces poinçons a d'ailleurs une forme particulière qui la différencie aisément à l'œil.

11. Le poinçon de chaque bureau de garantie a un signe caractéristique particulier (1), qui est déterminé par l'administration des monnoies.

Ce signe est changé toutes les fois qu'il est nécessaire, pour prévenir les effets d'un vol ou d'une infidélité.

12. Le petit poinçon destiné à marquer les menus ouvrages d'or, a pour empreinte une tête de coq; celui pour les menus ouvrages d'argent porte un faisceau.

13. Le poinçon de vieux, destiné uniquement à marquer les ouvrages dits *de hasard*, représente une hache;

Celui pour marquer les ouvrages venant de l'étranger contient les lettres ET (2).

---

(1) Voir pour ces signes le tableau à la fin de l'ouvrage.

(2) Un arrêté du directoire, du 27 pluviôse an 7, désigne particulièrement les bureaux où doivent être

14. Le poinçon de chaque fabricant de doublé ou de plaqué, a une forme particulière déterminée par l'administration des monnoies. Le fabricant ajoute en outre sur chacun de ses ouvrages, les chiffres indicatifs de la quantité d'or et d'argent qu'il contient (1).

15. Le poinçon de recense est également déterminé par l'administration des monnoies, qui le différencie à raison des circonstances.

16. Le poinçon destiné à marquer les ouvrages d'or ou d'argent affinés, est aussi déterminé par l'administration des monnoies; il est uniforme pour toute la France.

17. Tous les poinçons désignés dans les art. 10, 11, 12, 13, 15 et 16, sont fabriqués par le graveur des monnoies, *sous la surveillance de l'administration des monnoies*, qui les fait parvenir dans les divers bureaux de garantie et conserve les matrices.

---

marqués les ouvrages venant de l'étranger. V. la table.

Un décret impérial du 7 juillet 1809, relatif à la recense, contient aussi cette désignation. V. la table.

(1) Un arrêté de l'administration, du 17 nivôse an 6, détermine la forme de ce poinçon. V. la table.

Le poinçon destiné pour les lingots affinés, n'est déposé que dans les bureaux de garantie dans l'arrondissement desquels il se trouve des affineurs, et à la chambre de délivrance de la monnoie de Paris, pour l'affinage national (1).

18. Lorsqu'on ne fait point usage des poinçons, ils sont enfermés dans une caisse à trois serrures, et sous la garde des employés des bureaux de garantie, comme il sera dit ci-après.

19. Les fabricans des faux poinçons, et ceux qui en feroient usage, seront condamnés à dix années de fers, et leurs ouvrages confisqués (2).

20. Les poinçons servant actuellement à constater les titres et l'acquit des droits de marque, seront biffés immédiatement après que les poinçons ordonnés par la présente loi seront en état d'être employés.

---

(1) Une loi du 26 frimaire an 6 porte réformation de cet article : la nouvelle rédaction est rétablie par le texte de l'article. V. la table.

(2) On voit à la date du 8 germinal an 8, un avis du conseil d'état, relatif au cas de fabrication de faux poinçons.... V. la table.

## TITRE II.

### *Des Droits de garantie sur les ouvrages et matières d'or et d'argent.*

21. Il sera perçu un droit de garantie sur les ouvrages d'or et d'argent de toutes sortes, fabriqués à neuf.

Ce droit sera de 20 fr. par hectogramme (3 onces 2 gros 12 grains) d'or, et de 1 fr. par hectogramme d'argent, non compris les frais d'essai ou de *touchau*.

22. Il ne sera rien perçu sur les ouvrages d'or et et d'argent, dits *de hasard*, remis dans le commerce : ils ne sont assujettis qu'à être marqués une seule fois du poinçon de vieux, ordonné par l'article 8 de la présente loi (a).

(a) *Il ne sera rien perçu.* Il ne faut pas perdre de vue que le sens de cet article se rattache à ce qui est exprimé par les art. 82, 83 et 84, quant à la perception du droit. Il est certain que l'ouvrage déjà vendu, qui porte l'empreinte des poinçons du service courant, et qui rentre dans le commerce comme article de hasard, recevra, sans frais, l'application du poinçon de vieux dont il est mention à l'art. 22 ; mais toutes les fois que cette classe d'ouvrages ne présentera que l'empreinte de poinçons qui ne sont plus en usage, il doit en être usé à leur égard comme s'ils n'avoient jamais été

titrés ni marqués : l'essai en sera fait, ils seront titrés et
marqués des poinçons ordinaires, et ils seront soumis
au droit comme les ouvrages neufs.

Il en est au surplus du poinçon de vieux, comme du
poinçon de recense, relativement aux peines encourues
par celui qui néglige d'en faire faire l'application dans
les délais de la loi : cette négligence donne lieu à la
confiscation des objets dépourvus de la marque en
exercice, et à l'amende dont est mention à l'art. 80,
toutes les fois qu'il s'en trouvera dans les visites qui se
feront chez les marchands et fabricans après ces délais
expirés. Ce principe est rappelé dans les circulaires de
l'administration des monnoies des 15 mai et 1er octobre
1810. V. la table.

On peut voir pour les cas extraordinaires d'exception
l'arrêt rapporté sur l'art. 82, en la cause contre le sieur
Joanneau. V. la table.

23. Les ouvrages d'or ou d'argent venant
de l'étranger devront être présentés aux employés des douanes sur les frontières de la république, pour y être déclarés, pesés, plomb-
bés, et envoyés au bureau de garantie le plus
voisin, où ils seront marqués du poinçon ET,
et paieront des droits égaux à ceux qui sont
perçus pour les ouvrages d'or et d'argent fabriqués en France.

Sont exemptés des dispositions ci-dessus,
1°, les objets d'or et d'argent appartenant aux
ambassadeurs et envoyés des puissances étran-

gères ; 2°, les bijoux d'or à l'usage personnel des voyageurs, et les ouvrages en argent servant également à leurs personnes, pourvu que leur poids n'excède pas en totalité cinq hectogrammes ( 16 onces 2 gros 60 grains 1/2 ).

24. Lorsque les ouvrages d'or et d'argent venant de l'étranger, et introduits en France en vertu des exceptions de l'article précédent, seront mis dans le commerce, ils devront être portés aux bureaux de garantie pour y être marqués du poinçon destiné à cet effet ; et il sera payé pour lesdits ouvrages le même droit que pour ceux fabriqués en France (a).

(a) Cet article a donné ouverture à la question de savoir si l'on peut étendre le bénéfice des art. 22 et 23 aux vieux ouvrages de joaillerie et d'orfèvrerie *dépourvus de marque et au-dessous du titre*, lorsqu'ils sont présentés pour être remis dans le commerce, et si l'on est autorisé à les frapper du poinçon ET moyennant l'acquittement du droit de garantie.

Cette proposition se résout par la lettre de l'art. 23 : le poinçon ET est établi seulement pour les ouvrages venant de l'étranger ; ce sont les seuls qui doivent en recevoir l'empreinte. Donc, toutes les fois qu'il n'est pas constant que l'ouvrage est étranger, il est censé de fabrique nationale, et dans ce cas il ne peut être mis dans le commerce sans avoir été essayé, titré et marqué, et avoir acquitté le droit, conformément à ce qui est dit par l'art. 83.

Quant aux exceptions posées dans l'art. 23, lorsqu'il n'y a pas de preuve matérielle de l'origine des ouvrages, l'administration des monnoies a pensé que l'on pouvoit considérer comme étrangers les bijoux ou vaisselles trouvés chez un ambassadeur, un envoyé, un étranger, et que ces bijoux et argenterie ne devoient être assujettis qu'à l'empreinte du poinçon ET : ils ne pourront être mis dans le commerce qu'après avoir reçu cette empreinte et avoir acquitté le droit, conformément au prescrit de l'art. 24.

25. Lorsque les ouvrages neufs d'or et d'argent fabriqués en France, et ayant acquitté les droits, sortiront de la république comme vendus, ou pour l'être à l'étranger, les droits de garantie seront restitués au *fabricant* (a), sauf la retenue d'un tiers.

(a) *Seront rendus au fabricant*. Ceci ne peut s'entendre que du fabricant seulement, et lorsqu'il a expédié ses objets de fabrique par l'un des bureaux indiqués, comme en l'art. 27 : le terme de trois mois, fixé par l'art. 26 pour la représentation du certificat de sortie des ouvrages, est de rigueur absolue ; ce terme expiré, il ne peut plus prétendre à la restitution des droits de garantie acquittés par lui.

26. Cette restitution sera faite par le bureau de garantie qui aura perçu les droits sur lesdits ouvrages, ou, à défaut de fonds, par *une traite*

*sur le bureau de garantie de Paris :* cette restitution n'aura lieu cependant que sur la représentation d'un certificat de l'administration des douanes, muni de son sceau particulier, et qui constate la sortie de France desdits ouvrages.

Ce certificat devra être rapporté dans le délai de trois mois.

27. Le directoire exécutif désignera les communes maritimes et continentales par lesquelles il sera permis de faire sortir de la république les ouvrages d'or et d'argent (1).

28. Les ouvrages déposés aux monts de piété et dans les autres établissemens destinés à des ventes ou à des dépôts de ventes, sont assujettis à payer les droits de garantie lorsqu'ils ne les ont pas acquittés avant le dépôt (a).

(a) Dans son instruction imprimée, du 1er prairial an 8, l'administration dit sur cet article, qu'il y a contravention lorsque les objets assujettis au droit ne l'ont pas payé avant d'être mis en vente.

On peut voir aussi à ce sujet la circulaire de l'administration du 16 juin 1806, à la table.

_______________

(1) Voir les arrêtés du 6 frimaire an 7 et 9 vendémiaire an 10, à la table.

( 13 )

Cet article a fait naître une question dont la solution est bien importante : il s'agit de savoir si le seul dépôt, fait à titre de gage ou nantissement dans les maisons de prêt, d'objets assujettis par la loi au droit de garantie, oblige le propriétaire à l'acquittement de ce droit lorsqu'il n'a pas été payé antérieurement. Le texte paroît assez clair, il semble que ses expressions n'auroient pas besoin d'être commentées : car le législateur n'a pas parlé des ouvrages *mis en vente*, mais seulement déposés ; et notre opinion seroit d'autant plus portée pour l'affirmative, qu'il s'agit ici d'une mesure de sûreté publique sans laquelle les monts de piété peuvent être exposés à des pertes considérables.

Cependant ce n'est que pour le cas de vente, que les administrateurs des monts de piété font présenter aux bureaux de garantie les effets d'or et d'argent dépourvus de la marque ; et les employés, saisissant dans l'acception du mot les expressions de la circulaire de l'administration des monnoies, du 16 juin 1806 ( voyez la table ), qui leur rappelle les dispositions des articles 22, 23, 28, 77 et 83 de la loi du 19 brumaire, et qui leur prescrit seulement de se transporter *dans toutes les ventes publiques* qui se font dans leur arrondissement, et d'y saisir tous les objets qui s'y trouveroient en contravention à cette loi, se bornent à ce genre d'exercice : on ne voit pas qu'ils portent leurs recherches jusque dans les registres de ces établissemens, et qu'ils s'y occupent de la vérification des objets déposés.

Les motifs de cette tolérance sont pris sans doute dans l'inviolabilité des registres de ces administrations bienfaisantes ; elle satisfait l'amour-propre. On peut dire aussi qu'elle satisfait à la loi dans la rigueur du principe : car, comme l'objet engagé ne cesse pas d'être à la disposition du propriétaire jusqu'au moment où il est mis en vente, ce n'est réellement qu'à ce moment qu'il peut être considéré comme remis dans le commerce, et qu'il peut être assujetti à l'acquittement du droit.

Au surplus, ce qui se pratique à ce sujet est conforme aux dispositions réglementaires adoptées par les monts de piété de Paris et de Marseille : S. Exc. le ministre des finances a autorisé l'application de la même règle à tous les monts de piété de l'Empire.

29. Les lingots d'or et d'argent affinés (a), paieront un droit de garantie avant de pouvoir être mis dans le commerce. Ce droit sera pour l'or, de 8 fr. 18 cent. par kilogramme ( ou 2 fr. par marc );

Et pour l'argent, de 2 fr. 4 cent. par kilogramme ( ou 10 sous par marc ).

Les lingots dits de tirage, ne paieront qu'un droit de 82 cent. par kilogramme ( ou 4 sous par marc ).

(a) *Les lingots affinés.* Le procès qui a eu lieu à Bordeaux contre le sieur Meyer, ensuite d'une saisie faite, à son préjudice, d'un lingot non marqué, nous détermine à expliquer ce que l'on doit entendre par *lingots affinés* : cette expression n'est pas du tout relative à la quantité de fin contenue dans les lingots, mais au résultat de l'opération d'affinage qui se pratique dans les bureaux établis à cet effet. On ne considère comme lingots affinés que ceux qui ont subi les procédés expliqués art. 9 de la loi du 19 brumaire an 6, et qui sont empreints du poinçon de l'affineur, conformément à l'art. 117: c'est alors seulement que ces lingots sont assujettis à être titrés et marqués, et à payer le droit de garantie. C'est ainsi que l'a jugé la cour régulatrice dans la cause précitée.

# TITRE III.

*Suppression des Maisons communes des Orfévres.*

(Ce titre est sans intérêt, il ne sera pas rapporté).

# TITRE IV.

*Des Bureaux de garantie.*

34. Il y aura des bureaux de garantie établis pour faire l'essai et constater les titres des ouvrages d'or et d'argent, ainsi que des lingots de ces matières qui y seroient apportés, et pour percevoir, lors de la marque de ces ouvrages ou matières, les droits imposés par la loi.

35. Ces bureaux seront placés dans les com-

munes où ils seront le plus avantageux au commerce : le nombre en est fixé provisoirement à deux cents au plus pour toute la France : le placement de ces bureaux et les lieux compris dans leur arrondissement seront déterminés par le directoire exécutif, sur la demande motivée des administrations de département, et sur l'avis de celle des monnoies.

36. Les bureaux de garantie seront composés de trois employés ; savoir : un essayeur, un receveur et un contrôleur. Mais à Paris et dans les communes populeuses, le ministre des finances pourra autoriser un plus grand nombre d'employés, à raison des besoins du commerce (1).

37. L'administration des monnoies surveillera les bureaux de garantie, relativement à la partie d'art et au maintien de l'exactitude des titres des ouvrages d'or et d'argent mis dans le commerce (a).

(a) Cette disposition se trouve confirmée par l'art. 2 du décret du 10 prairial an 11, portant règlement sur l'administration des monnoies. V. la table.

(1) On peut voir dans les annotations sur l'art. 101, les motifs qui peuvent donner lieu à cet accroissement d'employés.

38. La régie de l'enregistrement surveillera les bureaux de garantie, relativement aux dépenses et au recouvrement des droits à percevoir (1).

39. L'essayeur de chaque bureau de garantie sera nommé par l'administration du département où ce bureau est placé; mais il ne pourra en exercer les fonctions qu'après avoir obtenu de l'administration des monnoies un certificat de capacité, aux mêmes conditions prescrites par l'art. 59 de la loi du 22 vendémiaire, sur l'organisation des monnoies (a).

(a) Voir (à la table) l'art. 2 de la loi du 13 germinal an 6, sur les certificats. L'administration des monnoies a la faculté de soumettre les essayeurs à un examen préalable, ensuite duquel elle délivre le certificat de capacité nécessaire pour entrer en exercice.

40. La régie de l'enregistrement nomme le receveur de chaque bureau de garantie, ou en

---

(1) Cette disposition et celle portée par l'art. 40 sont modifiées par l'art. 80 de la loi du 6 ventôse an 12, relative aux droits réunis. On peut voir (à la table) les articles de cette loi, pour tout ce qui est attribué par celle-ci à l'administration du domaine; et pour plus de clarté, l'on peut aussi consulter la circulaire de l'administration des monnoies, du 19 messidor an 9. V. la table.

fera faire les fonctions par l'un de ses préposés, dans les communes où cette cumulation de fonctions ne seroit nuisible ni à l'un ni à l'autre service.

41. Les contrôleurs des bureaux de garantie seront nommés par le ministre des finances, sur la proposition de l'administration des monnoies.

42. Les essayeurs n'auront d'autre rétribution que celle qui leur est allouée pour les frais de chaque essai d'or et d'argent, ainsi qu'il sera dit dans le titre suivant.

43. Les traitemens des receveurs et des contrôleurs seront gradués à raison de l'importance et de l'étendue de leurs fonctions. Ce traitement ne pourra excéder ; savoir : 3,000 fr. à Paris, 2,400 fr. dans les communes au-dessus de cinquante mille âmes, et 1,800 fr. dans les autres.

44. L'essayeur se pourvoira, à ses frais, de tout ce qui est nécessaire à l'exercice de ses fonctions : l'administration des monnoies fournira au bureau les poinçons et la machine à estamper ; les frais de registres et autres seront réglés par la régie de l'enregistrement (1), sous l'approbation du ministre des finances. L'ad-

_______________

(1) Voir la note sur l'art. 38 de cette loi.

ministration de département procurera un local convenable au bureau, qui devra être placé, autant que possible, dans celui de la municipalité du lieu (a).

(a) Quelques administrations des communes où il existe des hôtels des monnoies, voulant se soustraire à l'obligation imposée par cet article de fournir un emplacement pour les bureaux de garantie, avoient demandé qu'il fût fixé un local dans lesdits hôtels pour cet objet.

L'administration des monnoies repoussa cette proposition, sur le fondement qu'il y avoit incompatibilité absolue dans ces deux services ; que tandis que les bureaux de garantie étoient ouverts constamment au public, les ateliers monétaires doivent au contraire lui être fermés, et que par conséquent il ne pouvoit pas y avoir de communication entre ces deux établissemens.

45. L'essayeur, le receveur, et le contrôleur du bureau de garantie, auront chacun une des clefs de la caisse dans laquelle seront renfermés les poinçons.

46. Les employés des bureaux qui calqueroient les poinçons, ou qui en feroient usage sans observer les formalités prescrites par la loi, seront destitués et condamnés à un an de détention.

47. Aucun employé an bureau de garantie ne laissera prendre de calque, ni ne donnera de des-

cription , soit verbale , soit par écrit, des ouvrages qui sont au bureau, sous peine de destitution.

## TITRE V.

### *Des fonctions des Employés des bureaux de garantie (1).*

48. L'essayeur ne recevra les ouvrages d'or
et d'argent qui lui seront présentés pour être
essayés et titrés, que lorsqu'ils auront l'empreinte du *poinçon du fabricant* (2), et qu'ils
seront assez avancés pour qu'en les finissant ils
n'éprouvent aucune altération.

49. Les ouvrages provenant de différentes
fontes, devront être envoyés au bureau de garantie dans des sacs séparés , et l'essayeur en
fera l'essai séparément (a).

(a) L'essayeur étant responsable , ne doit pas s'en rapporter aux orfèvres relativement à leurs déclarations sur
le titre des ouvrages confondus dans un même sac ; il peut

---

(1) Voir ( à la table ) un arrêté du directoire du 13
prairial an 7, relatif aux devoirs et attributions des
employés respectivement.

(2) Il faut voir à ce sujet les termes de la circulaire
de l'administration des monnoies, du 1er octobre 1810.
V. la table.

faire plusieurs essais de ces ouvrages ainsi confondus, et séparément de ceux moulés et de ceux forgés, car il est autorisé à les considérer comme provenant de fontes différentes.

50. Il n'emploiera dans ses opérations, que les agens chimiques et substances provenant du dépôt établi dans l'hôtel des monnoies de Paris ; mais les frais de transport de ces substances et matières seront compris dans les frais d'administration du bureau.

51. L'essai sera fait sur un mélange de matières prises sur chacune des pièces provenant de la même fonte. Ces matières seront grattées ou coupées, tant sur le corps des ouvrages que sur les accessoires, de manière que les formes et les ornemens n'en soient pas détériorés.

52. Lorsque les pièces auront une languette forgée ou fondue avec leur corps, c'est en partie sur cette languette et en partie sur le corps de l'ouvrage que l'on fera la prise d'essai.

53. Lorsque les ouvrages d'or et d'argent seront à l'un des titres prescrits respectivement pour chaque espèce, par l'art. 4 de la présente loi, l'essayeur en inscrira la mention sur un registre destiné à cet effet, et qui sera coté et paraphé par l'administration départemen-

tale (1). Lesdits ouvrages seront ensuite donnés au receveur, avec un extrait du registre de l'essayeur, indiquant le titre trouvé.

54. Le receveur pèsera les ouvrages qui lui seront ainsi transmis, et percevra le droit de garantie qu'ils doivent conformément à la loi. Il fera ensuite mention sur son registre, qui sera coté et paraphé comme celui de l'essayeur, de la nature des ouvrages, de leur titre, de leur poids, et de la somme qui lui aura été payée pour l'acquittement du droit : enfin il inscrira sur l'extrait du registre de l'essayeur, le poids des ouvrages, la mention de l'acquittement du droit, et remettra le tout au contrôleur.

55. Le contrôleur aura un registre coté et paraphé comme ceux de l'essayeur et du receveur ; il y transcrira l'extrait du registre accompagnant chaque pièce à marquer ; et, conjointement avec le receveur et l'essayeur, il tirera de la caisse à trois serrures le poinçon du bureau et celui indicatif du titre, soit de l'or, soit de l'argent, ou le poinçon dont les menus ouvrages doivent être revêtus, et les appliquera en présence du propriétaire (a).

(a) L'administration des monnoies, dans sa circulaire

(1) Aujourd'hui par la préfecture.

du 15 mai 1810 ( V. la table ), en traitant de cet article, rappelle aux employés l'obligation où ils sont, sous les peines portées par l'art. 46, de retenir chacun devers soi la clef de la caisse où sont renfermés les poinçons, afin que, sous aucun prétexte, il ne puisse en être fait usage qu'en présence de tous les trois, conformément à la loi.

56. Les ouvrages d'or et d'argent qui, sans être au-dessous du plus bas des titres fixés par la loi, ne seroient pas précisément à l'un deux, seront marqués au titre légal immédiatement inférieur à celui trouvé par l'essai, ou seront rompus, si le propriétaire le préfère.

57. Lorsque le titre d'un ouvrage d'or ou d'argent sera trouvé inférieur au plus bas des titres prescrits par la loi, il pourra être procédé à un second essai, mais seulement sur la demande du propriétaire.

Si le second essai est confirmatif du premier, le propriétaire paiera le double essai, et l'ouvrage lui sera remis après avoir été rompu en sa présence.

Si le premier essai est infirmé par le second, le propriétaire n'aura qu'un seul essai à payer.

58. En cas de contestations sur le titre, il sera fait une prise d'essai sur l'ouvrage pour être envoyée, sous les cachets du fabricant et

de l'essayeur, à l'administration des monnoies, qui la fera essayer dans son laboratoire, en présance de l'inspecteur des essais.

59. Pendant ce temps, l'ouvrage présenté sera laissé au bureau de garantie, sous les cachets de l'essayeur et du fabricant; et lorsque l'administration des monnoies aura fait connoître le résultat de son essai, l'ouvrage sera définitivement titré et marqué conformément à ce résultat.

60. Si c'est l'essayeur qui se trouve avoir été en défaut, les frais du transport et d'essai seront à sa charge : en cas contraire, ils seront supportés par le propriétaire de l'objet.

61. Lorsqu'un ouvrage d'or, d'argent ou de vermeil, quoique marqué d'un poinçon indicatif de son titre, sera soupçonné de n'être pas au titre indiqué, le propriétaire pourra l'envoyer à l'administration des monnoies (a), qui le fera essayer avec les formalités prescrites pour l'essai des monnoies.

Si cet essai donne un titre plus bas, l'essayeur sera dénoncé aux tribunaux, et condamné, pour la première fois, à une amende de 200 fr.; pour la seconde, à une amende de 600 fr.; et la troisième fois il sera destitué.

(a) Les employés chargés de la surveillance dans

l'intérêt général du public ; devront en user ainsi chaque fois qu'ils rencontreront dans leurs recherches des ouvrages marqués qu'ils soupçonneront d'être à faux titre. Lorsque l'ouvrage sera reconnu au-dessous de l'un des titres tolérés, il sera brisé sans rémission : car il n'est pas juste que le public soit victime de la négligence ou de la mauvaise foi d'un essayeur.

On peut voir sur ce principe ce qui est rapporté sur la cause *contre-poinçon*. V. la table.

62. Le prix d'un essai d'or, de doré et d'or tenant argent, est fixé à 3 fr., et celui d'argent à 80 centimes [ 16 sous ] (1).

63. Dans tous les cas, les cornets et boutons d'essai seront remis au propriétaire de la pièce.

64. L'essai des menus ouvrages d'or par la pierre de touche, sera payé 9 cent. par décagramme [ 2 gros 44 grains et demi environ d'or ] (a).

(a) Il est quantité de menus ouvrages d'argent dont l'essai ne se fait qu'à la touche ; la loi ne parle pas du droit à percevoir de ceux-ci.

L'administration, consultée à cet égard, a résolu la question en ces termes dans une lettre répondue le 27

---

(1) On peut voir ( à la table ) une loi du 13 germinal an 6, qui détermine le cas où il peut être fixé des appointemens aux essayeurs.

janvier 1807 : « Vous ne pouvez prétendre, pour les
» essais au *touchau* qui ne vous occasionnent aucuns
» frais, qu'une indemnité qui, évaluée dans la propor-
» tion du droit accordé pour les essais au *touchau* des
» pièces d'or, donne 9 cent. par hectogramme des
» menus ouvrages d'argent, à raison de la différence de
» la valeur intrinsèque de la matière. »

65. Si l'essayeur soupçonne aucun des ouvrages d'or, de vermeil ou d'argent, d'être
fourré de fer, de cuivre, ou de toute autre
matière étrangère, il le fera couper en présence
du propriétaire (a). Si la fraude est reconnue,
l'ouvrage sera saisi et confisqué, et le délinquant sera dénoncé aux tribunaux, et condamné à une amende de vingt fois la valeur
de l'objet (1) ; mais dans le cas contraire, le
dommage sera payé sur-le-champ au propriétaire, et passé en dépense comme frais d'administration.

(a) Même faculté et mêmes principes à l'égard des
devoirs de tout employé de la garantie, comme à

---

(1) Pour les difficultés qui pourroient s'élever relativement à l'application de cet article, il faut voir les
arrêts contre le sieur Molinier et le sieur Delaide, rapportés ensuite de l'arrêté du directoire exécutif du 1er
messidor an 6. V. la table.

l'art. 61. Ils peuvent aussi faire rompre tout ouvrage soupçonné fourré ; mais ils doivent porter leur attention à ne pas compromettre l'administration en frais, par l'application d'une semblable mesure hors des cas positivement indiqués.

66. Les lingots d'or et d'argent non affinés qui seroient apportés à l'essayeur du bureau de garantie pour être essayés, le seront par lui, sans autres frais que ceux fixés par la loi pour les essais. Ces lingots, avant d'être remis aux propriétaires, seront marqués du poinçon de l'essayeur, qui en outre insculpera son nom des chiffres indicatifs du vrai titre et d'un numéro particulier.

L'essayeur fera mention de ces divers objets sur son registre, ainsi que du poids des matières essayées (1).

67. L'essayeur qui contreviendroit au précédent article sera condamné à une amende de 100 fr. pour la première fois, de 200 fr. pour la seconde, et la troisième fois il sera destitué.

_______________

(1) Il est utile de voir sur cet article (à la table) l'arrêté des consuls du 19 messidor an 9, qui soumettoit tous les lingots en circulation à être frappés d'un poinçon de recense dans un délai donné ; et la circulaire de l'administration à ce sujet. V. la table.

68. L'essayeur d'un bureau de garantie peut prendre sous sa responsabilité autant d'aides (a) que les circonstances l'exigeront.

(a) Cet article doit être entendu dans la stricte signification du mot ; l'essayeur peut prendre des aides, mais non pas des suppléans. Il est tenu de faire personnellement le service, et ne peut s'absenter sans une autorisation positive de l'administration.

69. Le receveur et le contrôleur du bureau de garantie feront respectivement mention sur leurs registres de l'apposition qu'ils auront faite, soit du poinçon de vieux, soit de celui d'étranger, soit de celui de recense sur les ouvrages qui auront dû en être revêtus, ainsi que du poinçon de garantie sur les lingots affinés de la perception des droits qui aura pu en résulter, et du poids de chaque objet.

70. Le contrôleur visera les états de recette et de dépenses du bureau.

71. Les employés des bureaux de garantie feront les recherches, saisies ou poursuites, dans les cas de contravention à la présente loi, comme il sera dit au titre VIII.

( 29 )

# TITRE VI.

## SECTION PREMIÈRE.

*Des obligations des Fabricans et Marchands d'ouvrages d'or et d'argent.*

72. Les anciens fabricans d'ouvrages d'or et d'argent, et ceux qui voudront exercer cette profession (a), sont tenus de se faire connoître à l'administration du département (1) et à la municipalité du canton où ils résident, et de faire insculper, dans ces deux administrations (b), leur poinçon particulier, avec leur nom, sur une planche de cuivre à ce destinée; l'administration de département veillera à ce que le même symbole ne soit pas employé par deux fabricans de son arrondissement.

(a) Des orfévres fabricans, poursuivis en contravention pour n'avoir pas fait insculper leur poinçon particulier, et exerçant sans s'être fait connoître au département et à la municipalité, ainsi que le prescrit cet article, ont exposé qu'ils ne travailloient pas pour leur compte, qu'ils n'étoient qu'ouvriers, et que sous ce rapport ses dispositions ne leur étoient pas applicables.

---

(1) Aujourd'hui à la préfecture.

L'administration des monnoies répond : « Il ne faut
» à cet égard que consulter la loi sur les patentes ;
» l'article 35 est conçu en ces termes :

» *Sont réputés fabricans ou manufacturiers tous*
» *ceux qui convertissent des matières premières en des*
» *objets d'une autre forme ou qualité, soit simple, soit*
» *composée, à l'exception néanmoins de ceux qui ma-*
» *nipulent les fruits de leur récolte : ils seront tenus*
» *de prendre immédiatement une patente supérieure à*
» *celle des marchands qui vendent en détail les mêmes*
» *objets du genre de ceux qu'ils fabriquent.*

» Le § 3 de l'art. 39, concernant ceux qui sont dis-
» pensés de prendre patente, porte ce qui suit :

» *Ne sont pas réputés ouvriers travaillant pour le*
» *compte d'autrui, ceux qui travaillent chez eux pour*
» *les marchands et les fabricans en gros et en détail,*
» *ou pour les particuliers, même sans compagnons, en-*
» *seignes, ni boutiques ; ils devront être pourvus de la*
» *patente de la sixième classe, ou de celle de leur pro-*
» *fession désignée au tarif.*

» Il est donc bien évident, d'après les dispositions
» de la loi, que l'on ne reconnoît pour ouvriers en or-
» févrerie, bijouterie, horlogerie, etc., que ceux qui
» travaillent chez les maîtres ; que ceux qui travaillent
» dans leur domicile pour leur compte ou pour celui
» d'autrui, sont réputés fabricans, et qu'en cette qua-
» lité ils sont soumis à toutes les obligations que con-
» tient la loi du 19 brumaire.

(b) L'insculpation, à l'une ou à l'autre de ces deux
administrations, n'empêche pas que l'orfévre ne soit
tenu de l'amende, s'il ne l'a faite à toutes deux, c'est-

à-dire , à la municipalité de sa résidence et à la préfecture : il ne peut opposer pour excuse ni l'ignorance,
ni le peu de temps depuis lequel il exerceroit cette
branche de commerce. On trouve dans le Mémorial
des droits réunis , sous le n° 165 , un arrêt de la cour
de cassation , rendu en la cause Combes contre la régie
des droits réunis , qui cassa un arrêt de la cour criminelle des Pyrénées-Orientales , parce qu'il avoit admis
des considérations particulières contraires au texte de
cet article.

73. Quiconque se borne au commerce d'orfévrerie, sans entreprendre la fabrication, n'est
tenu que de faire sa déclaration à la municipalité de son canton , et est dispensé d'avoir un
poinçon.

74. Les fabricans (a) d'or et d'argent ouvré
ou non ouvré auront, un mois au plus tard
après la publication de la présente loi , un registre coté et paraphé par l'administration municipale, sur lequel ils inscriront la nature, le
nombre, le poids et le titre des matières et ouvrages d'or et d'argent (b) qu'ils achèteront ou
vendront , avec les noms et demeures de ceux
de qui ils les auront achetés (c).

(a) Par sa circulaire du mois de germinal an 10,
l'administration des monnoies considère les commis-
voyageurs comme des ambulans associés aux maisons

de commerce dont ils se réclament : « Ils doivent, dit-
» elle, avoir également le registre prescrit par l'art. 74,
» et justifier, d'après les dispositions de l'art. 75, qu'ils
» tiennent leurs ouvrages de personnes connues, ou
» ayant des répondans à eux connus.

(b) Fondé sur cette disposition de la loi, le contrôleur
de garantie de Chiavari rédigea un procès-verbal de contravention contre le sieur Bancalari, qu'il trouva nanti
d'un collier en raccommodage inscrit sur son registre
sans qu'il y fût mention du titre de l'ouvrage ; Bancalari, ayant été traduit devant les tribunaux, fut successivement déchargé des demandes à lui faites. La
cour de cassation, par arrêt du 10 mars 1809, s'exprime en ces termes dans l'un de ses considérans :
« Considérant, relativement à l'article porté sur le
» registre du prévenu, sous le n° 37, qui a pour objet
» un collier d'or fabriqué postérieurement à la mise en
» activité de la loi du 19 brumaire an 6 ; que ce collier
» n'a pas été porté sur le registre du prévenu comme
» ayant été par lui *vendu* ou *acheté*, mais seulement
» comme étant entre ses mains à titre de commission ;
» que par conséquent l'art. 74 de ladite loi de bru-
» maire an 6 ne pourroit, quant à la mention du titre
» de l'or, recevoir son application ; que si l'art. 15 de la
» déclaration du 26 janvier 1749, dont la publication
» a été ordonnée dans les départemens de la Ligurie
» par décret impérial du 11 janvier 1808, prescrit aux
» fabricans et marchands d'ouvrages d'or et d'argent
» d'inscrire sur leurs registres les objets qu'ils ont en
» leur possession à un titre autre que d'achat, ledit arti-
» cle ne leur prescrit pas à cet égard d'y faire mention

« du titre ou de la quantité de fin que contiennent les
« mêmes ouvrages, et qu'ainsi le prévenu Bancalari ne
« peut être réputé en contravention pour n'avoir pas
« mentionné sur son registre le titre d'or que contenoit
« ledit collier, etc. »

(c) Relativement à ces registres, il fautvoir (à la table)
l'arrêté du 16 prairial an 7 qui ordonne la publication
de l'art. 15 de la déclaration du roi du 26 janvier 1749,
où est l'insertion de cet article.

Suivant l'instruction imprimée par l'administration
des monnoies, 1er prairial an 8, cet article s'applique
aussi, quant à la tenue du registre, aux fabricans et
marchands de galons, tissus, broderies et autres ouvrages en fils d'or et d'argent. Voici comme elle s'explique :

« Il y a contravention de la part des fabricans de
« plaqué et doublé, joailliers, marchands et fabricans de
« galons, tissus, broderies et autres ouvrages en fils d'or
« ou d'argent, s'ils n'ont pas fait leur déclaration à la
« municipalité, s'ils n'ont pas tenu de registre coté et
« paraphé par la municipalité, s'ils achètent de personnes
« inconnues, s'ils vendent pour fin des ouvrages en or
« et argent faux (1). »

75. Ils ne pourront acheter que de personnes connues, ou ayant des répondans à eux
connus.

76. Ils sont tenus de présenter leurs registres

______________

(1) Voir l'art. 81 de cette loi.

à l'autorité publique , toutes les fois qu'ils en seront requis.

77. Ils porteront au bureau de garantie, *dans l'arrondissement duquel ils sont placés* (a) , leurs ouvrages , pour y être essayés , titrés et marqués (b) , ou, s'il y a lieu, être simplement revêtus de l'une des empreintes de poinçon prescrites à la deuxième section du titre premier (c).

(a) Par sa circulaire du 1ᵉʳ octobre 1810 ( V. la table ), l'administration des monnoies rappelle les employés à la stricte observation de cette partie de l'article; elle leur enjoint de renvoyer sous cachet, aux bureaux respectifs , les ouvrages des fabricans placés hors de leur arrondissement qui leur seroient présentés pour y être titrés et marqués , et même de saisir lesdits ouvrages dans le cas où ils auront la moindre suspicion de fraude.

(b) Un décret impérial du 21 août 1806 ( V. la table ), portant établissement d'un bureau de garantie à Genève, accorde à la fabrique d'horlogerie et de bijouterie du département du Léman une exemption de droit sur tous les ouvrages d'or ou d'argent destinés pour l'étranger.

(c) Cette disposition n'admet pas d'excuse : voici comme s'exprime l'administration relativement à la prétention élevée par quelques orfèvres qui avoient soutenu que les ouvrages d'or ou d'argent à leur usage personnel n'étoient pas soumis aux formes prescrites par la loi, et qu'on n'avoit pas le droit de les saisir, quoiqu'ils ne fussent ni essayés, ni marqués.

« Si ce système pouvoit prévaloir (dit l'administra-
» tion dans sa circulaire du 1er prairial an 8), il fau-
» droit renoncer à toute surveillance, puisque les or-
» fèvres auroient la facilité de se soustraire à toutes
» leurs obligations; ils fabriqueroient des ouvrages à
» faux titres, et les exposeroient en vente sans inquié-
» tude, puisqu'ils auroient toujours la ressource de les
» déclarer aux employés, comme étant à leur usage
» personnel.

» La loi ne faisant aucune distinction ni exception,
» tous les ouvrages d'or et d'argent qui se trouvent
» chez un marchand ou fabricant, soit dans sa bou-
» tique, soit dans son atelier, soit dans tout autre en-
» droit de son domicile, sont nécessairement considé-
» rés comme objets de son commerce, puisqu'il a la
» faculté de les vendre quand il en trouve l'occasion :
» et s'ils ne sont pas en règle, les employés doivent les
» saisir, et en dresser procès verbal en se conformant
» aux dispositions de la loi. »

78. Ils mettront dans le lieu le plus apparent de leur magasin ou boutique un tableau énonçant les articles de la présente loi relatifs aux titres et à la vente des ouvrages d'or et d'argent (a).

(a) Il n'y a pas d'excuse pour les contraventions à cette partie de la loi; l'arrêt rendu le 1er octobre 1807 par la cour de cassation, contre le sieur Ledime, marchand orfèvre, en est une preuve.

3.

Il fut fait verbal de contravention chez le sieur Ledime, marchand orfévre à Fougères, par deux motifs, absence du tableau, défaut de marque sur certains ouvrages. Ledime, muni d'un placard, l'affiche au même instant où il est exercé ; il soutient qu'il l'avoit été déjà, mais qu'il fut enlevé par cas fortuit. Sur le second point, il soutint que les ouvrages non marqués sont de la nature de ceux dispensés de la marque. Sur le fait d'absence du tableau, il fut d'abord absous par la cour criminelle d'Ille-et-Vilaine ; mais cet arrêt ayant été cassé, et la cause ayant été renvoyée devant la cour criminelle du Morbihan, celle-ci appliqua l'amende pour cette contravention, et sa décision fut confirmée en cassation par l'arrêt précité du 1<sup>er</sup> octobre 1807.

Les autres parties de ces arrêts ne sont pas rapportées ici ; elles sont étrangères à cet article de la loi.

79. Ils remettront aux acheteurs des bordereaux énonciatifs de l'espèce du titre et du poids des ouvrages qu'ils leur auront vendus, en désignant si ce sont des ouvrages neufs ou vieux.

Ces bordereaux, préparés d'avance, et qui seront fournis au fabricant ou marchand par la régie de l'enregistrement (à présent par la régie des droits réunis), auront dans toute la république le même formulaire qui sera imprimé ; le vendeur y écrira à la main la désignation de l'ouvrage vendu, soit en or, soit en argent, son poids, et son titre distingué par ces mots : *premier*, *second* ou *troisième*, suivant la réalité ; il y mettra de plus le nom de la commune où se fera la vente, avec la date et la signature.

80. Les contrevenans à l'une des dispositions prescrites dans les huit articles précédens, seront condamnés, pour la première fois, à une amende de 200 fr.; pour la seconde, à une amende de 500 fr, avec affiches à leurs frais, de la condamnation dans toute l'étendue du département; la troisième fois, l'amende sera de 1,000 fr., et le commerce de l'orfévrerie leur sera interdit, sous peine de confiscation de tous les objets de leur commerce.

81. Les articles 73, 74, 75, 76, 77, 78, 79 et 80 sont applicables aux fabricans, et marchands de galons, tissus, broderies ou autres ouvrages en fils d'or et d'argent.

Ceux qui vendroient pour fins des ouvrages en or ou argent faux, encourront, outre la restitution de droit à celui qu'ils auroient trompé, une amende qui sera de 200 fr. pour la première fois; de 400 fr. pour la seconde fois, avec affiches de la condamnation aux frais du délinquant dans tout le département; et la troisième fois une amende de 1,000 fr., avec interdiction de tout commerce d'or et d'argent.

82. Les fabricans et marchands orfévres sont tenus, dans le délai de six mois (1) à compter de la publication de la présente loi, de porter au bureau de garantie de leur arrondissement leurs ouvrages neufs d'or, d'argent et de vermeil marqués des anciens poinçons, pour y faire mettre l'empreinte d'un poinçon de recense (2) qui sera déterminé à cet effet par l'administration des monnoies.

Les ouvrages d'ancienne fabrication ne seront soumis à d'autre vérification préalable que celle de la marque et des poinçons anciens, et cette vérification sera sans frais ; mais le délai expiré, les ouvrages *seront soumis à*

---

(1) Une loi du 16 floréal an 6 prorogea ce délai. V. la table.

En 1809, le gouvernement jugea convenable d'établir de nouveaux poinçons ; la forme en fut déterminée par décret impérial du 7 juillet (V. la table). Ce décret contient diverses dispositions sur la recense.

(2) Un arrêté du directoire exécutif du 26 frimaire an 7 (V. la table), porte des dispositions particulières pour les pays réunis où la marque n'étoit pas en usage.

*l'essai* (1) titrés s'il y a lieu, et paieront le droit de garantie (a).

(a) La cour de cassation, en interprétant le sens de cet article, a posé un principe juste, et dont l'application doit amener nécessairement l'exactitude de la part des orfévres à se conformer aux dispositions législatives qui tendent quelquefois par des raisons de sûreté ou de politique à changer le type des poinçons de la garantie.

Elle a décidé que le défaut de recense, dans les délais prescrits, produit le même vice, à l'égard des matières d'or et d'argent, que l'absence de toute marque; et que la confiscation devoit avoir lieu, à moins que l'orfévre ou le négociant en contravention ne puisse prouver, par la présentation de son registre en due forme, que le délai pendant lequel il a été en possession de l'objet saisi a été trop court pour qu'il ait pu se conformer à cette partie de la loi.

Cet arrêt contient des principes trop lumineux pour qu'on puisse se dispenser d'en donner la copie.

Il fut fait une saisie en l'an 13, chez le sieur Joanneau, orfévre à Nantes, de pièces d'argenterie marquées des anciens poinçons, et qui n'avoient pas été

---

(1) L'administration des monnoies, dans sa circulaire du 15 mai 1810, § 1er (V. la table), a expliqué très-clairement le sens de cet article; les observations qui y sont relatives sont reproduites dans les annotations sur l'art. 22. V. la table.

présentées au bureau de garantie : poursuivi comme infracteur à la loi, le sieur Joanneau a proposé deux moyens ; le premier pris de ce que le verbal étoit nul, pour n'avoir pas été fait en présence d'un officier municipal, conformément au prescrit de la loi du 19 brumaire an 6, et seulement avec l'assistance d'un commissaire de police : en second lieu, il a soutenu qu'il n'avoit acheté que depuis peu ces pièces d'argenterie, et qu'il n'avoit pas eu le temps de les soumettre à la marque nouvelle : mais comme il n'avoit pas de registre qui constatât l'époque de l'achat qu'il en avoit fait, la cour de justice criminelle du département de la Loire-Inférieure le condamna.

Sur le recours en cassation de Joanneau, la cour, par son arrêt du 8 frimaire an 14, oui M. Thuriot, substitut du procureur général : « Considérant que » l'art. 107 de la loi du 19 brumaire an 6, en disant » tout ouvrage *acheté et non marqué*, et soumettant à » la saisie, et par suite à la confiscation, ceux trouvés » en cet état chez un marchand ou fabricant, par les » employés du bureau de garantie, comprend dans sa » disposition aussi bien les ouvrages d'or et d'argent » antérieurs à la publication de cette loi, quoique » revêtus de la marque alors autorisée, que ceux fabri-» qués depuis, et trouvés sans marque aucune, car les » ouvrages de ce métal trouvés seulement empreints » de l'ancienne marque, après les six mois de cette » publication, sont considérés comme n'en ayant au-» cune, puisque cette marque a cessé d'être la marque » légale.

» Que la disposition de cet article, qui seroit vrai-

» ment rigoureuse et même injuste si elle s'appliquoit
» à tous les cas, et par exemple à des ouvrages em-
» preints de l'ancienne marque que le marchand auroit
» achetés depuis peu, et sans avoir eu le temps de leur
» faire apposer la nouvelle, avant la saisie faite chez
» lui par les employés de la garantie, à défaut de
» marque nouvelle, présente au contraire les carac-
» tères de sagesse et de justice, principal attribut de
» toute bonne loi, au moyen des précautions que cette
» loi du 19 brumaire a établies par d'autres articles, et
» qui tendent à empêcher tout abus de la disposition
» de cet art. 107.

» Qu'à cet effet, cette loi a exigé, art. 74 et 76,
» la tenue d'un registre coté et paraphé sur lequel les
» fabricans et marchands d'or et d'argent inscriroient
» la nature, le nombre, le poids et le titre des matières
» d'or et d'argent qu'ils vendroient ou achèteroient, etc.,
» et leur représentation à l'autorité publique, à toute
» réquisition, et qu'elle leur a imposé l'obligation ( ar-
» ticle 75 ) de n'acheter que de personnes connues ou
» ayant des répondans à eux connus.

» Qu'en conséquence, tout marchand orfèvre qui
» peut justifier, par des registres dûment en règle,
» que peu avant la saisie, et sans qu'il ait pu se pré-
» senter auparavant au bureau de garantie, il avoit
» acheté les ouvrages revêtus seulement de l'ancienne
» marque, n'a rien à redouter de la disposition de cet
» art. 107, qui lui est évidemment inapplicable dans
» cette hypothèse;

» Mais aussi qu'il résulte de cette diposition, que le
» marchand qui, lors de la saisie de pareils ouvrages,

» ne peut représenter à l'autorité qui l'en requiert, que
» des registres mal tenus, ni même justifier qu'il les a
» achetés depuis trop peu de temps pour avoir pu les
» présenter avant la saisie au bureau de garantie, à
» l'effet d'y recevoir les nouvelles marques, est bien
» dans le cas de la confiscation prononcée par cet
» article 107, comme ayant contrevenu aux obliga-
» tions que cette loi lui impose. Rejette, etc.

83. Les ouvrages non revêtus de l'ancien poinçon, qui opéroit la décharge, seront pareillement présentés au bureau de garantie de l'arrondissement, à l'effet d'être marqués du poinçon du titre et de celui du bureau ; les ouvrages paieront alors le droit de garantie (1).

84. Ces droits seront pareillement exigibles pour les ouvrages dits de hasard, qui, après le même délai fixé par l'art. 82, ne se trouveroient marqués que des anciens poinçons (2).

85. La loi garantit les conditions des engagemens respectifs des orfévres et de leurs élèves.

---

(1) Voir ce qui a été dit sur l'art. 22.

(2) Cet article et les deux précédens ont été publiés dans les nouveaux départemens au-delà des Alpes, ensuite d'un décret impérial du 25 février 1808. V. la table.

86. Les joailliers ne sont pas tenus de porter aux bureaux de garantie les ouvrages montés en pierres fines ou fausses et en perles, et ceux émaillés dans toutes les parties, ou auxquels sont adaptés des cristaux (1); mais ils auront un registre coté et paraphé comme celui des marchands et fabricans d'ouvrages d'or et d'argent, à l'effet d'y inscrire, jour par jour, les ventes et les achats qu'ils auront faits (2).

87. Ils seront tenus, comme les fabricans et marchands orfévres, de donner aux acheteurs un bordereau, qui sera également fourni par la régie de l'enregistrement (aujourd'hui par l'administration des droits réunis), et sur lequel ils décriront la nature, la forme de chaque ouvrage, ainsi que la qualité des pierres dont il sera composé, et qui sera daté et signé par eux (3).

88. La contravention aux deux articles pré-

---

(1) Voir l'arrêté du 1<sup>er</sup> messidor an 6, qui explique le sens générique de cet article (à la table), et les décisions auxquelles il a donné lieu.

(2) Voir pour ces registres les art. 74 et 76, avec les notes.

(3) Voir l'art. 79.

cédens sera punie des mêmes peines portées en pareil cas contre les marchands orfévres (1).

89. Il est aussi interdit aux joailliers de mêler dans les mêmes ouvrages des pierres fausses avec les fines, sans le déclarer aux acheteurs, à peine de restituer la valeur qu'auroient eue les pierres si elles avoient été fines, et de payer en outre une amende de 300 fr.; l'amende sera triple la seconde fois, et la condamnation affichée dans tout le département aux frais du délinquant; la troisième fois, il sera déclaré incapable d'exercer la joaillerie, et les effets composant son magasin seront confisqués.

90. Lorsqu'un orfévre mourra, son poinçon sera remis, dans l'espace de cinq décades après le décès, au bureau de garantie de son arrondissement pour y être biffé de suite.

Pendant ce temps, le dépositaire du poinçon sera responsable de l'usage qui en sera fait, comme le sont les fabricans en exercice.

91. Si un orfévre ou fabricant quitte le commerce, il remettra son poinçon au bureau de garantie de l'arrondissement pour y être biffé devant lui; s'il veut s'absenter pour plus de six

---

(1) Voir l'art. 80.

mois, il déposera son poinçon au bureau de garantie, et le contrôleur fera poinçonner les ouvrages fabriqués chez lui en son absence.

## SECTION II.

### *Des obligations des Marchands d'ouvrages d'or et d'argent ambulans.*

92. Les marchands d'ouvrages d'or et d'argent ambulans (a), ou venant s'établir en foire, sont tenus, à leur arrivée dans une commune, de se présenter à l'administration municipale ou à l'agent de cette administration dans les lieux où elle ne réside pas, et de lui montrer les bordereaux des orfévres qui leur auront vendu les ouvrages d'or et d'argent dont ils seront porteurs.

A l'égard des ouvrages qu'ils auroient acquis antérieurement à la présente loi ou seulement deux mois après sa publication, ils seront tenus de les déclarer au bureau de garantie de l'arrondissement, pour les faire marquer de suite, soit du poinçon de vieux, soit de celui de recense, suivant l'espèce des objets ; et cette obligation remplie les dispensera de justifier de l'origine desdits ouvrages.

(a) Selon le sentiment de l'administration des monnoies, on doit comprendre sous cette dénomination les commis-voyageurs ; voir ce qui a été dit à ce sujet sur les n°[s] 74 et 75.

93. La municipalité ou l'agent municipal fera examiner les marques de ces ouvrages par des orfévres, ou à défaut par des personnes connoissant les marques et poinçons, afin d'en constater la légitimité.

94. L'administration municipale ou son agent, fera saisir et remettre au tribunal de police correctionnelle du canton les ouvrages d'or et d'argent qui ne seroient pas accompagnés de bordereaux, ou ne seroient pas marqués du poinçon de vieux ou de recense, ainsi qu'il est prescrit à l'art. 92, ou les ouvrages dont les marques paroîtroient contrefaites, ou enfin ceux qui n'auroient pas été déclarés conformément audit art. 92 (a).

Le tribunal de police correctionnelle appliquera aux délits des marchands ambulans, les mêmes peines portées dans la présente loi contre les orfévres pour des contraventions semblables.

(a) Si la loi du 19 brumaire an 6 a mis les marchands forains ambulans ou autres, se qualifiant *commis-voyageurs*, spécialement sous la surveillance des administrations municipales, c'est que les bureaux de garantie ne sont pas assez multipliés pour les avoir mis exclusivement sous celle des employés ; mais cette attribution donnée aux commissaires de police, ou aux maires et leurs adjoints dans les petites communes, n'exclut pas la surveillance générale donnée par la même loi, art. 71, 101 et 105, aux employés des bureaux de garantie ; ils doivent les exercer concurremment avec ces officiers.

## TITRE VII.

### *De la fabrication du Plaqué et Doublé d'or et d'argent sur tous métaux.*

95. Quiconque veut plaquer ou doubler l'or et l'argent sur le cuivre ou sur tout autre métal, est tenu d'en faire la déclaration à sa municipalité, à l'administration de son département et à celle des monnoies.

96. Il peut employer l'or et l'argent dans telle proportion qu'il le juge convenable.

97. Il est tenu de mettre sur chacun de ses ouvrages son poinçon particulier qui a dû être déterminé par l'administration des monnoies, ainsi qu'il est dit article 14 de la présente loi ; il ajoutera à l'empreinte de ce poinçon celle des chiffres indicatifs de la quantité d'or ou d'argent contenue dans l'ouvrage, sur lequel il sera en outre empreint en toutes lettres, le mot *doublé.*

98. Le fabricant de doublé (a) transcrira, jour par jour, les ventes qu'il aura faites sur un registre coté et paraphé par l'administration municipale. Il lui sera fourni par la régie de l'enregistrement ( aujourd'hui par celle des droits réunis) des bordereaux en blanc, comme aux orfévres et joailliers, et il sera tenu de remettre à chaque acheteur un de ces bordereaux daté et signé par lui, et rempli de la désignation de l'ouvrage, de son poids et de la quantité d'or et d'argent qui y est contenue.

(a) *Fabricant de doublé.* Peut-on entendre par ces mots tout fabricant quelconque qui fait usage de plaques ou lames doublées dans les objets confectionnés dans ses ateliers? Telle est la question importante qui s'est présentée relativement à une saisie faite le 16 mai 1811, au préjudice du sieur Feichter, plaqueur en argent, et dont voici l'espèce.

16 mai 1811, saisie au préjudice de Feichter, plaqueur en argent, de vingt-une lanternes de voiture doublées en argent, mais non revêtues des poinçons prescrits par les art. 8, 14 et 97 de la loi du 19 brumaire an 6.

Feichter déclare qu'il a acheté ces lanternes de divers fabricans; il nomme les sieurs Malpas et Blondelet, ferblantiers, et Schelteins, lanternier. Ceux-ci appelés reconnoissent chacun une paire de lanternes pour l'avoir vendue à Feichter; Feichter dit qu'il ne se rappeloit pas qui lui avoit fourni les autres, ni à quelle époque il les a achetées : les uns et les autres opposèrent qu'ils n'étoient pas fabricans de doublé; qu'ils n'avoient pas les poinçons dont est mention aux art. 8, 14 et 97 ; qu'ils ne tenoient pas le registre indiqué par l'art. 98 ; qu'ils n'avoient pas non plus fait les déclarations prescrites par l'art. 95, et qu'ils ne s'y croyoient pas tenus.

Il fut fait saisie des lanternes susdites ; et, sur les poursuites dirigées par M. le procureur impérial, ensuite du procès verbal, il intervint jugement le 11 juillet suivant, par lequel le tribunal correctionnel du département de la Seine : « attendu que les sieurs » Malpas, Blondelet et Schelteins n'ont pas fabriqué » le doublé dont sont en partie composées les lan- » ternes, qu'ils n'ont fait qu'employer des feuilles de » doublé sorties de la fabrique du sieur Patoulet, que » ces feuilles ont été revêtues des empreintes voulues » par la loi, et que les art. 95, 97 et 98 de la loi » du 19 brumaire an 6, ne concernent pas ceux qui » emploient le doublé dans leurs ouvrages, mais seu- » lement ceux qui le fabriquent, etc. »

Cette décision fut confirmée par la cour impériale de Paris en ces termes : « attendu qu'aucun des quatre » prévenus n'exerce l'état de fabricant de doublé en » or et en argent, mais qu'ils achètent le doublé dont » ils ont besoin pour la confection des ouvrages de » leur état chez ceux qui le fabriquent, ce dont ils ont » justifié ; que les art. 95 et suivans de la loi de » brumaire an 6 ne concernent que ceux qui, comme » le porte l'art. 95, fabriquent et doublent eux- » mêmes l'or et l'argent sur le cuivre ou sur tout autre

« métal ; que les dispositions de cette loi sont par cela
» seul inapplicables, et ne peuvent être étendues aux
» ouvriers qui achètent du doublé, et l'emploient en-
» suite par partie sans l'avoir fabriqué ; que l'art. 107
» de la même loi, qui prononce la confiscation des
» ouvrages d'or et d'argent achevés et non marqués,
» trouvés chez un marchand ou fabricant, ne prononce
» pas la même peine à l'égard des ouvrages achevés
» dans lesquels il entre de l'or ou de l'argent plaqué
» et non marqué; qu'enfin l'art. 14 de cette loi, en
» exigeant un poinçon particulier de chaque fabricant
» de doublé, ne soumet pas à l'obligation d'un poinçon
» de doublé les ouvriers qui emploient par partie du
» doublé dans les différens ouvrages qu'ils confection-
» nent, qu'il en seroit autrement s'il étoit question
» d'ouvrages d'or et d'argent tels que vaisselle, plats
» et autres semblables ouvrages, etc.

Cet arrêt fut cassé par celui de la cour de cassation,
du 23 novembre suivant, comme renfermant une violation des art. 8, 14, 95, 96, 97, 98 et 99. On renvoya à juger devant la cour impériale de Rouen.

La cour impériale de Rouen confirma le jugement
du tribunal correctionnel de la Seine, par son arrêt du
20 janvier 1812 : « attendu qu'il est impossible d'ap-
» pliquer les art. 95, 96, 97 de la même loi du 19
» brumaire an 6 à ceux qui ne font qu'employer des
» feuilles de doublé; que de l'ensemble des art. 95,
» 96, 97, il résulte qu'il n'y a que celui qui applique
» la feuille d'or ou d'argent sur un métal quelconque,
» à qui soient imposées les obligations que portent les
» art. 95 et 97, parce qu'il n'y a que lui qui peut

» connoître et indiquer la quantité d'or contenue dans
» son ouvrage ; que c'est par l'application des feuilles
» d'or et d'argent que l'on plaque ou que l'on double
» sur un autre métal. »

Cet arrêt fut aussi cassé par un second de la cour de
cassation, rendu le 6 avril suivant, sections réunies
sous la présidence de S. Exc. le grand juge ministre de
la justice ; les motifs en sont ainsi posés : « attendu qu'en
» assujettissant indistinctement à la marque *tous les*
» *ouvrages doublés et plaqués d'or et d'argent*, la loi
» a nécessairement compris dans ses dispositions, non-
» seulement les simples lames ou feuilles de doublé et
» plaqué, mais aussi tous les autres ouvrages qui sont
» fabriqués soit en entier, soit en partie avec ces feuilles ;
» qu'en effet les marques dont la loi a voulu que les
» ouvrages doublés et plaqués fussent revêtus, ont
» évidemment pour objet d'avertir les acheteurs, que,
» malgré leur apparence extérieure, ces ouvrages ne
» sont pas de pur or ou d'argent ; qu'ils ne sont que
» plus ou moins doublés de ces matières précieuses, et
» que leur intérieur est d'un métal beaucoup plus
» grossier ; que la loi auroit donc manqué son principal
» objet (la garantie du public), si elle n'avoit voulu
» soumettre à la marque que les simples feuilles de
» doublé et plaqué, qui ne sont qu'une espèce de
» matière première, et qu'elle n'y eût pas voulu sou-
» mettre tous les autres ouvrages qui se fabriquent
» avec ces feuilles, et qui sont destinés à l'usage immé-
» diat des acheteurs ; qu'il suit de-là, par une consé-
» quence nécessaire, qu'aucun ouvrage de doublé ou
» plaqué non revêtu des poinçons ordonnés par la loi,

» ne peut être mis dans le commerce ; que ces marques
» jugées nécessaires par la loi pour distinguer les ou-
» vrages doublés et plaqués de ceux qui sont fabri-
» qués d'une matière homogène d'or et d'argent,
» doivent donc être apposées aux ouvrages de la pre-
» mière espèce, non-seulement par ceux qui fabriquent
» les simples feuilles, mais aussi par ceux qui emploient
» ces feuilles à la fabrication d'autres ouvrages ; que
» ces derniers ne peuvent se dispenser de cette obli-
» gation sous prétexte qu'ils ne peuvent pas connoître
» la quantité d'or ou d'argent que contiennent les
» feuilles à la fabrication desquelles ils n'ont point con-
» couru, puisqu'ils peuvent acquérir cette connoissance
» par les chiffres indicatifs de ladite quantité que les
» fabricans de feuilles sont tenus d'y apposer, soit par
» la décomposition d'une parcelle de la feuille doublée
» ou plaquée, et que la vérification à cet égard n'est
» pas plus difficile que celle que peut faire un orfévre
» relativement au titre d'une plaque d'or ou d'argent
» laminée qu'il emploie à ses ouvrages, etc. »

La cause fut renvoyée à la cour impériale d'Orléans ;
mais celle-ci, par son arrêt du 19 juillet, confirma aussi
le jugement du tribunal de la Seine du 10 juillet 1811,
par les mêmes motifs rappelés par les arrêts des cours
impériales de Paris et de Rouen.

Cette contrariété d'arrêts a donné lieu à un référé
au conseil d'état, en interprétation des art. 8, 14,
95, 96, 97, 98 et 99 de la loi du 19 brumaire an 6,
conformément aux règles tracées par la loi du 16 septembre 1807, pour ces sortes de cas.

La question agitée avec tant de solennité sur le sens

des art. 8, 14, 95, 96, 97, 98 et 99 de la loi du 19 brumaire an 6, est l'une des plus importantes qui se soient présentées en ce genre jusqu'à cet instant. Il y auroit de l'audace sans doute de notre part à vouloir trancher sur une difficulté controversée entre la première cour de l'Empire et trois cours impériales également célèbres par les talens et la sagesse des magistrats distingués dont elles se composent. Aussi nous bornerons-nous à quelques réflexions tirées du texte de la loi, et des considérans posés sur l'arrêt de la cour de cassation du 6 avril 1812.

Que doit-on entendre par le mot *fabricant d'ouvrages doublés ou plaqués d'or et d'argent*, dont il est mention à l'art. 8 de la loi du 19 brumaire an 6 ? Que doit-on entendre par l'expression *ouvrages* reproduite dans les art. 14, 98 et 99 de la même loi ?

On confond généralement sous la dénomination de fabricant de plaqué et doublé, ceux qui doublent et plaquent des lames, comme ceux qui confectionnent des ouvrages garnis ou composés de plaqué en doublé : cette définition grammaticale est consignée dans l'almanach du commerce, où l'on voit cette classe d'artisans confondus sous le titre de *fabricans de plaqué et doublé d'or et d'argent*. Ce qu'il y a de très-remarquable, c'est que le nom du sieur Patoulet, fabricant indiqué dans cette cause pour avoir vendu les lames plaquées, et celui de Feichter, au préjudice de qui ont été saisies les lanternes, figurent ensemble sous ce même titre. Il sembleroit donc qu'il y a eu erreur de la part des cours impériales qui ont décidé que Feichter ne pouvoit être tenu des dispositions des articles de lo cités, parce qu'il n'étoit pas fabricant, et qu'on ne pouvoit considérer comme fabricans de plaqué, que ceux qui appliquent l'or ou l'argent sur les lames de cuivre ou sur tous autres métaux.

La définition du mot *ouvrage* ne présente pas plus d'ambiguïté; il paroît que l'on ne peut entendre par cette expression, qu'un objet mis en œuvre et fini pour l'usage du consommateur, et non pas une portion de matière, qui seule ne pourroit être d'aucun usage. Notre opinion sur ce point se rapporte aux termes consacrés dans l'art. 98 de cette même loi, où il est dit que le fabricant de doublé remettra à chaque acheteur un bordereau signé par lui, *et rempli de la désignation de l'ouvrage.*

Peut-on croire que ces termes aient été posés par rapport à de simples baguettes ou à des feuilles qui se dénaturent du moment où elles passent entre les mains d'un ouvrier? N'est-il pas évident, au contraire, que ce poinçon particulier, ordonné à chaque fabricant par l'art. 14, ce chiffre indicatif de la quantité d'or et d'argent contenue dans chacun de ses ouvrages, ce mot *doublé* qui doit y être empreint, sont autant de dispositions bienfaisantes pour garantir le consommateur de toute fraude?

Pour admettre une définition contraire au principe jugé par la cour de cassation, il faudroit dire que cette partie de la loi n'est relative qu'à la garantie d'entre l'ouvrier chargé de départir l'or et l'argent sur les métaux, et le fabricant de doublé et de plaqué qui doit adapter ces métaux aux ouvrages doublés ou plaqués qui sortent de ses ateliers, ce qui souvent n'est qu'une même personne, et que la garantie du commerce, celle du consommateur, n'y ont été considérées en rien.

En effet, en supposant que le fabricant d'ouvrages doublés ou plaqués pût se dispenser des obligations imposées par les articles de la loi rapportés, le consommateur n'a plus de garantie à espérer; toujours, comme au cas présent, les fabricans et marchands de doublé ou plaqué se sauveront de toute responsabilité sur la quantité de fin supposée dans leurs ouvrages. Ils pourront tromper impunément, puisqu'il ne reste après la vente ni registre ni poinçon qui puisse laisser le moindre indice de la fraude ni de ses auteurs.

Ce sont sans doute ces considérations puissantes qui ont fait dire à la cour de cassation, dans son arrêt du 6 avril 1812, « qu'en assujettissant indistinctement à la » marque tous les ouvrages doublés et plaqués d'or et » d'argent, la loi du 19 brumaire an 6 a nécessairement » compris dans ses dispositions, non-seulement les » simples lames ou feuilles de doublé et plaqué, mais » aussi tous les autres ouvrages qui sont fabriqués, soit » en entier, soit en partie, avec ces feuilles. » Nous n'hésiterons pas à croire que cette interprétation donnée aux art. 8, 14, 95, 96, 97, 98 et 99 de la loi citée, sera confirmée par le conseil d'état de S. M., chargé de se prononcer sur la contrariété d'arrêts rendus sur cette question.

99. En cas de contravention aux deux articles précédens, les ouvrages sur lesquels portera la contravention seront confisqués, et en

outre le délinquant sera condamné à une amende qui sera, pour la première fois, de dix fois la valeur des objets confisqués; pour la seconde fois, du double de la première, avec affiche de la condamnation dans toute l'étendue du département, aux frais du délinquant; enfin la troisième fois, l'amende sera quadruple de la première, et le commerce ainsi que la fabrication d'or et d'argent seront interdits au délinquant, sous peine de confiscation de tous les objets de son commerce.

100. Le fabricant de doublé est assujetti, comme les marchands orfévres, et sous les mêmes peines, à n'acheter des matières ou ouvrages d'or et d'argent que de personnes connues ou ayant des répondans à eux connus (1).

## TITRE VIII.

*Des formes à observer dans les recherches, saisies et poursuites relatives aux contraventions à la présente loi.*

101. Lorsque les employés d'un bureau de garantie auront connoissance d'une fabrication

---

(1) Voir l'art. 75.

illicite de poinçons, le receveur (a) ou contrôleur, accompagnés d'un officier municipal (b),
se transporteront dans l'endroit ou chez les
particuliers qui leur auront été indiqués, et y
saisiront les faux poinçons, les ouvrages et
lingots qui en seroient marqués, ou enfin les
ouvrages achevés et dépourvus de marques
qui s'y trouveroient : ils pourront se faire accompagner, au besoin, par l'essayeur ou par
un de ses agens (c).

(a) La circulaire de l'administration des monnoies, en
forme d'instruction du 1er prairial an 8, s'explique sur
cette condition dans les termes suivans :

« L'article 101 de la loi du 19 brumaire an 6, veut
» que les contraventions soient constatées par deux
» employés ; et le receveur, qui n'est pas chargé d'autres
» fonctions publiques, ne peut, sous aucun prétexte,
» refuser d'accompagner le contrôleur dans les visites
» et recherches qu'il croit convenable de faire pour
» découvrir la frande.

» Quant aux receveurs chargés d'autres objets de
» perception dépendans de la régie, l'art. 5 de l'ar-
» rêté du 13 prairial an 7 les oblige d'accompagner
» le contrôleur aussi souvent que l'exercice de leurs
» fonctions le permet ; comme il y a des instans où ces
» receveurs ne pourroient quitter leur résidence sans
» que cela nuisît à leur service, on a trouvé convenable
» de les faire suppléer par les receveurs des communes

» où le contrôleur croit qu'il est nécessaire de faire
» des actes de surveillance.

» Cette mesure remplit textuellement le vœu de la
» loi, puisque le receveur qui accompagne le contrô-
» leur, fait dans ce moment, par *intérim* et avec l'agré-
» ment de la régie, les fonctions de receveur du bu-
» reau de garantie.

» Nous vous observons que les dispositions de l'article
» 101, en ce qui concerne le contrôleur et le rece-
» veur, ne sont applicables qu'aux bureaux ordinaires,
» qui ne doivent être composés que d'un contrôleur,
» d'un receveur et d'un essayeur.

» L'article 36 de la même loi autorise la nomination
» d'un plus grand nombre d'employés dans les grandes
» communes, et ces employés n'auroient point de fonc-
» tions à remplir, s'ils ne faisoient point de visites,
» attendu que, dans ces communes populeuses, le ser-
» vice intérieur du bureau exige la présence conti-
» nuelle du receveur et presque toujours celle du
» contrôleur.

(b) Aux termes de la circulaire en forme d'instruction du 1ᵉʳ prairial an 8, « cet officier public faisant
» fonction du commissaire de police, doit être présent
» à toutes les opérations qui tendent à constater les
» fraudes sur lesquelles doivent prononcer les tribu-
» naux correctionnels, ils sont là pour protéger les
» parties intéressées, c'est-à-dire les employés, dans
» le cas de refus et de violence, et les orfèvres dans le
» cas où les employés s'écarteroient des dispositions
» de la loi.

» Pour, après la lecture du procès verbal, le signer

» ou attester, comme ils le jugent le plus convenable,
» attendu que sans l'une ou l'autre de ces formalités,
» ce procès verbal ne feroit foi en justice que jusqu'à
» inscription de faux, ce qui ne peut avoir lieu lorsqu'il
» est signé et attesté d'un fonctionnaire public ayant
» pour ce qualité, et qui a assisté à toutes les opéra-
» tions (1).

» Enfin, pour accompagner les employés au greffe
» du tribunal correctionnel, être présent au dépôt
» des ouvrages saisis, et signer l'acte qui constate le
» dépôt. » ( Ce mode n'est applicable qu'aux marchands
domiciliés. Voir pour les marchands ambulans la sect. 2
du titre 6 de la loi du 19 brumaire an 6. )

On doit voir aussi, quant aux fonctions des commissaires de police, la loi du 28 pluviôse an 8. V. la
table.

(c) La loi du 28 floréal an 13 ( V. la table )
admet les employés des droits réunis à exercer concurremment avec ceux de la garantie, ou séparément;
on peut voir encore à ce sujet l'arrêt rapporté dans la
deuxième partie de cet ouvrage, sous le mot *Visites*.

102. Il sera dressé à l'instant et sans déplacer, procès verbal de la saisie et de ses causes,
lequel contiendra les dires de toutes les parties
intéressées, et sera signé d'elles. Ledit procès

---

(1) Voir sur cette disposition la deuxième partie de
cet ouvrage, aux mots *Foi due aux procès verbaux*,
pour et sur la partie qui traite des officiers de police.

verbal sera remis, dans le délai d'une décade au plus, au commissaire du directoire exécutif (à présent au procureur impérial près le tribunal de police correctionnelle), qui demeure chargé de faire la poursuite, également dans le délai d'une décade (a).

(a) Quelques employés de la régie des droits réunis, procédant en l'absence des contrôleurs de la garantie, avoient cru que, pour les saisies faites de leur chef, ils n'étoient tenus que des formalités indiquées par la loi du 1.er germinal an 13, soit pour la rédaction des procès verbaux, soit pour les poursuites, soit enfin pour les transactions sur les saisies. Une lettre de M. le directeur général, en forme d'instruction, (V. la table), rappelle l'obligation où l'on est pour ces sortes de procédures, de suivre strictement les dispositions de la loi du 19 brumaire an 6, et qui défend aux employés de se porter parties dans les poursuites qui sont spécialement attribuées au ministère public.

103. Les poinçons, ouvrages ou objets saisis seront mis sous les cachets de l'officier municipal, des employés du bureau de garantie présens, et de celui chez lequel la saisie aura été faite, pour être déposés sans délai (a) au greffe du tribunal de police correctionnelle.

(a) *Sans délai.* Cette expression doit être saisie à la lettre ; cependant, comme il peut arriver que, lors de

la clôture du procès verbal, le greffe du tribunal se
trouve fermé, alors il convient que les objets saisis mis
sous cachet, restent entre les mains du magistrat qui a
accompagné les employés, jusqu'au moment où ce dépôt
pourra s'effectuer au greffe ; mais dans ce cas, l'acte de
dépôt devra contenir mention des causes qui auront
donné lieu à ce retard (1).

104. Dans le cas où le tribunal prononceroit
la confiscation des objets saisis, ils seront remis au receveur de la régie de l'enregistrement
pour être vendus (a) ; il sera prélevé sur le prix
qui en proviendra, un dixième, qui sera donné
à celui qui aura le premier dénoncé le délit,
et un second dixième partageable par portions
égales entre les employés du bureau de garantie. Le surplus ainsi que les amendes (b) seront versés dans la caisse du receveur de l'enregistrement.

(a) Aujourd'hui, cette vente se fait dans les bureaux
de la garantie par le receveur, ensuite des dispositions de l'art. 33 du décret impérial du 1er germinal
an 13.

(b) Un arrêté du gouvernement du 5 germinal an 12,
détermine un mode pour la répartition des amendes ;

---

(1) Circulaire de l'administration du 19 novembre 1810.

mais un autre du 28 floréal suivant, dit positivement que cette disposition n'a rien de relatif à la garantie, et que la loi du 19 brumaire an 6 est la seule qui doit être suivie sur cette matière, voir ( à la table ) cet arrêté.

105. Les mêmes formes et dispositions prescrites par les quatre articles précédens auront lieu également pour toutes les recherches, saisies et poursuites relatives aux contraventions à la présente loi (1).

106. Les recherches ne pourront être faites qu'en se conformant à l'art. 359 (2) de la constitution (a).

(a) Les recherches mentionnées en cet article donnent lieu nécessairement à des visites domiciliaires. L'admi-

------

(1) Voir ( à la table ) une lettre du ministre des finances du 8 floréal an 8, relative aux saisies qui s'effectuent par les maires ou adjoints.

(2) Cet article est ainsi conçu : « la maison de chaque » citoyen est un asile inviolable pendant la nuit ; nul » n'a le droit d'y entrer que dans les cas d'incendie, » d'inondation ou de réclamation venant de l'intérieur » de la maison.

» Pendant le jour, on peut y exécuter les ordres des » autorités constituées.

» Aucune visite domiciliaire ne peut avoir lieu » qu'en vertu d'une loi, et pour la personne ou l'objet

nistration des monnoies s'exprime de la manière suivante sur ce genre de visites ( circulaire en forme d'instruction , 1er prairial an 8 ) :

« D'après l'art. 76 de la constitution (1), aucune
» visite domiciliaire ne peut avoir lieu que pour un
» objet spécial déterminé ou par une loi, ou par un ordre
» émané d'une autorité publique; or, dans l'espèce pré-
» sente , les visites ont un objet spécial déterminé par
» la loi du 19 brumaire an 6. Cette loi détermine ex-
» pressément les personnes et l'objet de ces visites ; elle
» n'exige que la présence d'un officier municipal , ou
» de celui que la loi du 28 pluviôse dernier (2) commet
» pour en remplir les fonctions. Toutes ces conditions
» constitutionnelles se trouvent remplies, l'ordre émané
» d'une autorité publique n'est pas nécessaire. »

107. Tout ouvrage d'or et d'argent, achevé
et non marqué, trouvé chez un marchand (a)

------

» expressément désigné dans l'acte qui ordonne la
» visite. »

Les mêmes dispositions sont retracées par l'art. 76 de
la constitution de l'an 8. V. la table.

(1) Voir ( à la table ) cet article.

(2) On voit par les dispositions de cette loi , que les
maires et adjoints des communes remplacent, quant
aux fonctions de police administrative, l'agent municipal qui en étoit chargé précédemment pour les
villes où il n'y a pas de commissaire de police. V. la
table.

ou fabricant, sera saisi, et donnera lieu aux poursuites par-devant le tribunal de police correctionnelle ; les propriétaires des objets saisis encourront la confiscation de ces objets (b), en outre les autres peines portées par la loi.

(a) Dans les instructions en forme de circulaire, déjà rapportées à la date du 1.er prairial an 8, l'administration s'explique en ces termes :

« La loi soumet aux obligations qu'elle prescrit tous
» les marchands et fabricans d'ouvrages d'or et d'ar-
» gent, dans le nombre desquels sont nécessairement
» compris les horlogers, puisqu'ils vendent ou fabri-
» quent des boîtes de montre en or et argent, et qu'ils
» peuvent vendre des chaînes et breloques : si les hor-
» logers pouvoient obtenir l'exception qu'ils réclament,
» il faudroit la rendre commune à tous ceux qui n'exer-
» cent pas nominativement la profession d'orfèvre, tels
» que les couteliers, arquebusiers, fourbisseurs, ma-
» thématiciens, tabletiers, et les marchands merciers
» et quincaillers ne se croiroient pas aussi compris dans
» l'exception ; de sorte que, pour se soustraire à la sur-
» veillance, les orfèvres eux-mêmes qui ne fabriquent
» pas, ne prendroient qu'une patente d'horloger ou de
» mercier. Il est donc bien constant que les disposi-
» tions de la loi du 19 brumaire an 6 s'appliquent aux
» horlogers comme à tous ceux qui font le commerce
» d'ouvrages d'or et d'argent. »

Cette explication a été donnée par suite de l'idée avancée par quelques horlogers, qu'ils n'étoient pas

compris dans la loi de brumaire, attendu qu'ils n'y
étoient pas expressément dénommés.

(b) Il s'est élevé une contestation sur cette partie de
l'art. 107 de la loi; il s'agissoit de savoir si, dans le cas
de saisie de montres, l'on devoit prononcer la confiscation des boîtes seulement, comme étant le seul objet
susceptible de contravention : cette question fut décidée par arrêt de la cour de cassation le 15 frimaire
an 14, en la cause pour Schmitz, horloger, en ces
termes : « Vu la loi du 19 brumaire an 6, art. 107, et
» attendu que les ouvrages d'or ou d'argent non mar-
» qués, trouvés chez le marchand ou fabricant, sont
» assujettis à la confiscation par cet article ; que les ex-
» pressions *ouvrages et objets*, employées par le légis-
» lateur, embrassent généralement et sans aucune dis-
» tinction ce qui fait un tout avec la matière en con-
» travention ; que ce tout doit être confisqué au pré-
» judice du marchand et du fabricant chez qui il est
» trouvé non revêtu de la marque prescrite par la loi,
» et que la confiscation est une peine qui doit être in-
» fligée au marchand ou fabricant à qui l'injonction de
» la loi est adressée, et qui est le propriétaire de la
» matière du délit, attendu que les mouvemens et les
» boîtes de montres, une fois réunis, forment, dans la
» main de l'horloger à qui ils appartiennent, un tout
» qui a soumis les mouvemens à la confiscation encou-
» rue par les boîtes à défaut de marque lors de la
» saisie ; d'où il suit que la distinction faite dans l'es-
» pèce entre les mouvemens et les boîtes qui étoient
» réunis et ne formoient qu'un tout lors de la saisie,
» pour ne soumettre à la confiscation que les boîtes,

» comme seules susceptibles , à raison de leur matière ,
» de la marque exigée par la loi , est contraire au vœu
» de l'article ci-dessus cité ; la cour casse. »

108. Seront saisis également et confisqués tous les ouvrages d'or et d'argent sur lesquels les marques des poinçons se trouveront entées, soudées ou contre-tirées en quelque manière que ce soit, et le possesseur avec connoissance sera condamné à six ans de fers (a).

(a) L'administration des monnoies s'explique sur cet article d'une manière qui annonce combien son application exige de circonspection. (Lettre de l'administration du 5 frimaire an 13. )

Il s'agissoit des ouvrages à faux titre sur lesquels on avoit enté les marques des poinçons de garantie : l'administration déclare que les pièces sont empreintes des poinçons de garantie, mais que cette empreinte est entée, en ce qu'elle est soudée sur un corps plain. « C'est un délit ( ajoute - t - elle ) prévu et puni par
» l'art. 108 de la loi ; mais il n'y a lieu aux peines
» afflictives que contre celui qui en est l'auteur. Quel
» est - il ? On ne considérera comme tel , ni le
» marchand qui achète de bonne foi, ni le marchand
» ambulant qui ne fabrique pas ; et le fabricant, en
» supposant qu'on le découvrît, a tant de moyens pour
» échapper à la conviction, que jamais ces affaires,
» qu'on a tentées quelquefois, n'ont réussi : il n'y a
» pas d'amende prononcée contre le possesseur de
» bonne foi, qui n'a pas connoissance que la marque

» est entée ; et quel tribunal oseroit prononcer que tel
» possesseur a cette connoissance ? »

109. Les ouvrages marqués de faux poinçons seront confisqués dans tous les cas, et
ceux qui les garderoient ou les exposeroient
en vente avec connoissance seront condamnés,
la première fois, à une amende de 200 fr.; la
deuxième, à une amende de 400 fr., avec affiches
de la condamnation dans tout le département,
aux frais du délinquant; et la troisième fois, à
une amende de 1,000 fr., avec interdiction de
tout commerce d'or et d'argent.

110. Tous les citoyens, autres que les préposés à l'application des poinçons légaux, qui
en emploieroient même de véritables, seront
condamnés à un an de détention.

## TITRE IX.

### SECTION PREMIÈRE.

#### *De l'Affinage.*

111. La ferme de l'affinage national, qui
comprend l'affinage de Paris et celui de Lyon,
est et demeure supprimée.

112. La profession d'affiner et de départir

les matières d'or et d'argent, est libre dans toute
l'étendue de la république.

113. Quiconque voudra départir et affiner
l'or et l'argent pour le commerce, est tenu d'en
faire la déclaration, tant à sa municipalité qu'à
l'administration du département ( présentement à la préfecture ) et à celle des monnoies :
il sera tenu registre desdites déclarations, et
délivré copie au besoin.

114. L'affineur ne pourra recevoir que des
matières qui auront été essayées et titrées par
un essayeur public autre que celui qui devra
juger des lingots affinés.

115. L'affineur délivrera au porteur de ces
matières une reconnoissance qui en désignera
la nature, le poids, le titre, tel qu'il aura été
indiqué par l'essayeur, et le numéro.

116. Les affineurs tiendront un registre
coté et paraphé par l'administration de département ( présentement par le préfet ), sur lequel ils inscriront, jour par jour et par ordre
de numéros, la nature, le poids et le titre des
matières qui leur seront apportées à affiner,
et de même pour les matières qu'ils rendront
après l'affinage.

117. Ils seront tenus d'insculper leurs noms
en toutes lettres sur les lingots affinés pro-

venant de leurs travaux ; et avant de les rendre aux propriétaires, ils porteront lesdits lingots affinés au bureau de garantie, pour y être essayés, marqués, et y acquitter le droit prescrit par la loi.

118. Les lingots affinés, apportés au bureau de garantie, ne seront passés en délivrance que dans le cas où ils ne contiendroient pas plus de cinq millièmes d'alliage, si c'est de l'or, et vingt millièmes si c'est de l'argent (1).

119. Lorsque les lingots seront reconnus bons à passer en délivrance, le receveur, après avoir perçu les droits, et le contrôleur, tireront le poinçon de garantie de la caisse où il doit être renfermé, et ce poinçon sera appliqué par le contrôleur en multipliant les empreintes de manière que l'une des grandes surfaces de chaque lingot en soit entièrement couverte.

120. L'affineur acquittera les frais d'essai et les droits au bureau de garantie, et en prendra récépissé pour pouvoir s'en faire rembourser par les propriétaires des lingots.

---

(1) Un arrêté du 19 messidor an 9 ( V. la table ) règle l'établissement des bureaux pour l'affinage des lingots ; circulaire de l'administration des monnoies à ce sujet. V. la table.

121. L'affineur qui contreviendroit aux dispositions des art. 113, 114, 115, 116, encourra les mêmes peines portées à l'art. 80 contre les marchands orfévres.

122. Les lingots et matières d'or et d'argent affinés, qui seroient trouvés dans le commerce sans être revêtus du poinçon du bureau de garantie, seront confisqués, et l'affineur qui les auroit délivrés sera condamné à 500 fr. d'amende.

123. Le contrôleur du bureau de garantie est autorisé à prélever des prises d'essai sur les matières fines apportées au bureau : ces prises d'essai seront mises en réserve sous une enveloppe portant le numéro du lingot d'où elles proviennent et scellées du cachet de l'affineur et de celui de l'essayeur.

Le contrôleur aura la garde du paquet contenant ces prises d'essai.

124. Si, dans le courant d'un mois, il ne s'élève aucune réclamation sur la validité du titre indiqué par l'essayeur du bureau de garantie, le contrôleur remettra le paquet cacheté contenant les prises d'essai à l'affineur, qui lui en donnera décharge; dans le cas contraire, le paquet sera adressé à l'administration

des monnoies, qui fera vérifier l'essai sans délai.

123. Si cette vérification fait connoître une erreur sur le titre indiqué, l'essayeur qui aura commis cette erreur sera tenu de payer à la personne lésée la totalité de la différence de valeur qui en sera résultée.

L'essayeur d'un bureau de garantie qui aura été pris trois fois en faute de cette manière, sera destitué.

## SECTION II.

### *De l'Affinage national.*

126. L'affinage national est conservé à Paris pour le service des monnoies : le public a la faculté d'y faire affiner ou départir des matières d'or et d'argent contenant or.

Le directoire exécutif pourra établir d'autres affinages nationaux, si les besoins de la fabrication des monnoies l'exigent, et sur la demande de l'administration chargée de ce service.

127. L'affineur national sera nommé par l'administration des monnoies, sous l'approbation du ministre des finances.

128. Les matières apportées à l'affinage na-

tional seront inscrites sur un registre coté et
paraphé par le commissaire du directoire exécutif près l'administration des monnoies.

129. L'affineur national se conformera, relativement à l'affinage des matières qui lui seroient apportées par des particuliers, à tout
ce qui est prescrit, dans la section précédente,
aux affineurs libres pour le commerce; les
peines portées contre ceux-ci en cas de contravention, seront applicables à l'affineur national.

130. L'affineur national sera tenu d'avoir
un fonds en matières d'or et d'argent, capable
d'assurer le service national.

131. Il ne pourra garder les lingots à affiner plus de cinq jours, non compris les jours
d'entrée et de sortie de ces lingots.

132. L'affineur national fournira un caution-
nement en immeubles de la valeur de 100,000 fr.,
pour répondre des matières d'or et d'argent
qui lui seront livrées.

133. Lesdites matières affinées par l'affineur
national seront portées à la chambre de délivrance des monnoies, et remises au caissier,
où elles seront empreintes du poinçon national
dans toute l'étendue de l'une des grandes surfaces du lingot.

134. Les lingots affinés appartenant à la république porteront le nom de l'affineur national, et le titre en sera déterminé suivant la
forme prescrite par l'art. 51 de la loi sur l'organisation des monnoies.

135. L'affineur national est autorisé à porter en compte pour frais d'affinage au départ
des matières nationales, savoir :

Pour les lingots d'or (et sont réputés tels
ceux qui contiennent plus que la moitié de
leur poids en or), 24 fr. 53 cent. par kilogramme
d'or fin passé en délivrance.

Pour les matières d'argent doré contenant
or, 10 fr. 22 cent. par kilogramme de matière
brute, c'est-à-dire telle qu'elle étoit avant l'affinage.

Et pour les lingots d'argent, 3 fr. 27 cent.
par kilogramme d'argent pur.

Lesdits frais seront acquittés par le caissier
de la monnoie.

## TITRE X (1).

### *De l'Argue.*

136. Il y a dans l'enceinte de l'hôtel des

---

(1) Voir (à la table) l'arrêté du 7 floréal an 8, à ce
sujet.

monnoies de Paris, une argue destinée à dégrossir et tirer les lingots d'argent et de doré.

Lorsque les besoins de la fabrication l'exigeront, le directoire exécutif pourra établir des
argues dans d'autres lieux, sur la demande
motivée de l'administration de département, et
sur l'avis de celle des monnoies (1).

137. Les tireurs d'or et d'argent sont tenus
de porter leurs lingots aux argues nationales,
pour y être dégrossis, marqués et tirés.

138. Ils y paieront pour prix de ce travail,
savoir :

Pour les lingots de doré, et lorsque les propriétaires auront leurs filières, 50 cent. par
hectogramme (3 onces 2 gros 12 grains), et
lorsqu'ils n'auront pas de filières, 75 cent.

Pour les lingots d'argent, 12 cent. par hectogramme, lorsque les propriétaires auront des
filières ; et quand ils n'en auront pas, 25 cent.

139. L'administration des monnoies est
chargée de l'établissement et entretien du service de l'argue, sans cependant pouvoir ajouter de nouveaux préposés à ceux qu'elle a déjà
sous son autorité : elle passera en dépense les

---

(1) Par un arrêté du 15 pluviôse et du 25 ventôse an 6,
des argues ont été rétablies à Lyon et à Trévoux.

frais de l'argue, et en fera verser les produits dans la caisse du caissier de la monnoie ; et chaque année elle rendra sur le tout un compte séparé au ministre des finances, qui le mettra sous les yeux du directoire exécutif pour être transmis au corps législatif.

—

## 26 Frimaire an 6.

*Loi portant réformation de l'art. 17 de celle du 19 brumaire.*

### ARTICLE PREMIER.

L'art. 17 de la loi du 19 brumaire dernier, relative à la perception des droits sur les matières et ouvrages d'or et d'argent, est rapporté, et il y sera substitué la rédaction suivante :

« Tous les poinçons désignés dans les art. 10,
» 11, 12, 13, 15 et 16, sont fabriqués par le
» graveur des monnoies, sous la surveillance
» de *l'administration des monnoies*, qui les
» fait parvenir dans les divers bureaux de ga-
» rantie et en conserve les matrices. »

—

## 17 Nivôse an 6.

*DÉLIBÉRATION de l'administration des monnoies relative à la forme des poinçons des fabricans.*

L'administration des monnoies, délibérant en exécution des art. 9 et 14 de la loi du 19 brumaire an 6, sur les formes et proportions que doit avoir le poinçon de chaque fabricant d'ouvrages d'or et d'argent, ainsi que le poinçon de chaque fabricant de doublé ou de plaqué, arrête ce qui suit :

### ARTICLE PREMIER.

Le poinçon de chaque fabricant d'ouvrages d'or et d'argent, dans toute l'étendue de la république, sera invariablement formé en losange.

2. Les proportions de ce poinçon seront établis par le fabricant, en raison du genre d'ouvrage qu'il fabrique.

3. La forme du poinçon de chaque fabricant de doublé ou de plaqué sera un carré parfait.

L'administration fera observer à chaque fa-

bricant de doublé ou de plaqué, que, conformément à la loi précitée, il doit ajouter sur
chacun de ses ouvrages des chiffres indicatifs de
la quantité d'or et d'argent qu'il contient, et
qu'au symbole de son poinçon particulier doit
être joint le mot *doublé*.

---

## 13 Germinal an 6.

*Loi relative au traitement des essayeurs
dans les bureaux de garantie du titre des
matières d'or et d'argent.*

### ARTICLE PREMIER.

Le ministre des finances pourra, sous l'autorisation du directoire exécutif, accorder aux
essayeurs des bureaux de garantie un traitement qui pourra être porté jusqu'à la somme
de 400 fr. par an, lorsque le produit des essais faits pendant l'année ne se sera pas élevé
à 600 fr., déduction faite des frais.

2. Les citoyens qui se présenteront dans les
départemens pour y remplir la place d'essayeur dans un bureau de garantie, pourront,
jusqu'au 1er vendémiaire de l'an 8, être examinés
par des artistes connus qui se trouveroient le

plus à portée, et commis à cet effet par l'administration des monnoies sous l'autorisation
du ministre des finances; l'administration des
monnoies, sur le rapport de l'examinateur désigné par elle, pourra accorder au candidat
un certificat de capacité, qui lui tiendra lieu
de celui exigé par l'art. 39 de la loi du 19 brumaire an 6.

3. Lorsqu'il ne se sera pas présenté, pour un
bureau de garantie, d'essayeur assez instruit, le
contrôleur en tiendra lieu, et procédera de la
manière suivante :

1°. Il fera l'essai au *touchau* des pièces qui
doivent être soumises à cet essai.

2°. Il formera des prises d'essai des autres
pièces, et les enverra, sous son cachet et sous
celui du fabricant, au bureau de garantie le
plus voisin qui sera pourvu d'un essayeur;
celui-ci fera les essais, et enverra sa déclaration
des résultats.

3°. Cette déclaration reçue, le contrôleur et
le receveur apposeront les poinçons, en conformité de la loi du 19 brumaire an 6.

4. Les fonctions d'essayeur dans un bureau
de garantie ne pourront, en aucun cas, être
remplies par un citoyen exerçant la profes-

sion de fabricant d'ouvrages d'or et d'argent (1).

————

16 Floréal an 6.

*Loi portant prorogation de délai pour
l'application des poinçons de recense.*

ARTICLE PREMIER.

Le délai de six mois accordé par l'art. 82 de
la loi du 19 brumaire an 6, pour faire apposer
sans frais un poinçon de recense sur les ouvrages d'or et d'argent, est prorogé, et aura
son effet dans chaque localité, comme il va
être dit.

2. Aussitôt que tous les moyens seront prêts
pour la mise en activité d'un bureau de garan-

————

(1) Dans une circulaire du 11 février 1811, l'administration s'exprime en ces termes : « Lorsqu'il y aura
» lieu à la nomination d'un essayeur pour votre bureau,
» vous inviterez M. le préfet à donner la préférence à un
» pharmacien de votre commune : ils conviennent mieux
» à ces places que qui ce soit, lorsqu'ils veulent bien en
» remplir les fonctions. »

Voir ce qui est dit sur l'art. 39 de la loi du 19 brumaire
an 6.

tie, le directoire exécutif en instruira, par une proclamation, les citoyens de l'arrondissement de ce bureau ; et le délai dont il s'agit en l'article précédent, s'étendra pour tous les marchands et fabricans orfèvres de l'arrondissement, jusqu'à deux mois après la date de ladite proclamation.

———

## 15 Prairial an 6.

### *Décret qui ordonne l'établissement des Bureaux de garantie.*

Ce décret ne contient que la nomenclature et l'emplacement des bureaux ; il n'est rapporté que pour mémoire, attendu que cette nomenclature a varié à proportion des décrets de réunion des pays conquis à l'Empire français : on peut voir à la fin de l'ouvrage le tableau général, qui donne la situation actuelle de tous les bureaux à ce jour.

———

# 1er Messidor an 6.

*Arrêté du gouvernement interprétatif des art. 86 et 87 de la loi du 19 brumaire* (1).

Le directoire exécutif étant informé que, par une fausse interprétation des art. 86 et 87 de la loi du 19 brumaire an 6, concernant la surveillance du titre et la perception du droit de garantie des matières d'or et d'argent, les joailliers, marchands et fabricans orfèvres, prétendent que les ouvrages d'or et d'argent, de quelque poids et forme qu'ils soient, doivent être dispensés de l'essai ainsi que du paiement dudit droit, lorsqu'ils ont, sur quelque partie de leur surface, des pierres ou des perles fines ou fausses, de l'émail ou des cristaux; et voulant faire cesser une erreur aussi contraire à l'esprit et aux dispositions de la loi précitée, que préjudiciable au commerce national, à l'intérêt des citoyens et aux revenus de l'état, arrête :

## ARTICLE PREMIER.

Les ouvrages de joaillerie dont la monture

---

(1) Cet arrêté a été publié en Piémont, dans la Ligurie et dans les états de Parme et Plaisance, ensuite

6

est très-légère et contient des pierres ou perles fines ou fausses, des cristaux, dont la surface est entièrement émaillée, ou enfin *qui ne pourroient supporter l'empreinte des poinçons* sans détérioration (a), continueront d'être seuls dispensés de l'essai, et du paiement du droit de garantie qui a remplacé ceux de contrôle et de marque des ouvrages d'or et d'argent.

(a) Malgré l'interprétation donnée par cet arrêté aux art. 86 et 87 de la loi du 19 brumaire an 6, la fraude trouve encore des ressources dans les expressions mêmes de l'art. 1er, qui ont été soulignées. Cet inconvénient n'a pas échappé aux auteurs du Mémorial du contentieux des droits réunis; ils en ont tiré le prétexte d'observations très-judicieuses, qu'ils ont consignées dans leur volume de 1808, page 357 : nous en rapporterons textuellement les parties essentielles, afin de ne pas en affoiblir le mérite.

« C'est dans l'expression que nous avons soulignée,
» que la fraude trouve aujourd'hui un moyen habituel
» et presque toujours efficace, de se soustraire aux pu-
» nitions prescrites par la loi. La falsification du titre se
» pratique principalement aujourd'hui sur les ouvrages
» d'or qui offrent un plus grand bénéfice : ces ouvrages

du décret impérial du 11 janvier 1808. Voir la table.

» sont presque tous des objets de bijouterie et de joail-
» lerie d'un genre assez délicat ; aussi, dans la plupart
» des saisies opérées à raison du défaut de poinçon, les
» contrevenans s'empressent-ils de déclarer que les ob-
» jets non marqués sont compris dans l'exception établie
» par l'arrêté précité, et qu'ils ne pourroient supporter
» l'empreinte du poinçon sans détérioration. Les tribu-
» naux, en général, adoptent ce moyen de justifica-
» tion ; et ceux qui montrent le plus de sévérité se
» contentent de nommer des experts pris parmi les
» gens de l'art, c'est-à-dire, parmi des parties intéres-
» sées, qui ne manquent guère de déclarer qu'en effet
» les objets saisis étoient trop délicats pour être poin-
» çonnés : d'où résulte nécessairement un jugement
» d'absolution.

» Cette marche est d'autant plus dangereuse, qu'elle
» interdit même le recours en cassation : car il est
» évident que, par le résultat de l'expertise et par le
» jugement qui en est la suite, on ne décide qu'un
» point de fait, savoir, que les ouvrages ne sont pas
» susceptibles d'être marqués ; dès lors il n'y a viola-
» tion d'aucune loi, et la cour de cassation ne peut
» annuller des jugemens fondés sur un fait dont la
» connoissance lui est étrangère.

» Pour prévenir ces inconvéniens, on doit faire re-
» marquer à MM. les procureurs impériaux chargés
» des poursuites, combien de telles procédures sont
» irrégulières : on leur rappellera qu'aux termes de la
» loi du 19 brumaire an 6, et notamment de l'art. 37,
» *l'administration des monnoies doit surveiller les bu-*
» *reaux de garantie relativement à la partie d'art et au*

» *maintien de l'exactitude des titres des ouvrages d'or*
» *et d'argent mis dans le commerce.*

» Ainsi, dès qu'il s'élève une difficulté dont la solu-
» tion dépend de la manière dont l'art est mis en pra-
» tique, c'est à l'administration des monnoies à la juger;
» or, telle est la difficulté dont il s'agit : il est impos-
» sible à des juges et même à des experts dans les dé-
» partemens, de décider si certains ouvrages seroient
» détériorés par l'apposition du poinçon : le perfec-
» tionnement des moyens mécaniques employés par
» l'administration des monnoies, lui permet d'assujettir
» graduellement à la marque des ouvrages qui précé-
» demment n'auroient pu la supporter; il n'y a donc
» que cette administration qui puisse déclarer si, dans
» l'état actuel des choses, les moyens d'art permettoient
» de poinçonner les ouvrages dépourvus de marque.

» L'intention évidente de la loi est que tout ce qui
» tient à la pratique de l'art soit soumis à l'autorité ad-
» ministrative; ainsi, lorsqu'on soupçonne une pièce
» d'être marquée d'un faux poinçon, on l'adresse à
» l'administration des monnoies, pour être soumise à
» l'examen du graveur de cette administration. Lors-
» qu'il y a incertitude dans le résultat des essais, ou
» contestation sur le titre, l'art. 58 de la loi du 19 bru-
» maire an 6 ordonne *qu'il sera fait une prise d'essai*
» *sur l'ouvrage pour être envoyée, sous les cachets du*
» *fabricant et de l'essayeur, à l'administration des*
» *monnoies qui le fera essayer dans son laboratoire*
» *en présence de l'inspecteur des essais.* La même me-
» sure doit nécessairement être adoptée lorsqu'il s'agit
» de déterminer s'il est possible ou non de marquer un

» ouvrage sans le détériorer ; dans les cas semblables ,
» le ministère public ne doit pas se dispenser de requé-
» rir le renvoi aux préposés des bureaux de garantie ,
» qui doivent consulter l'administration des monnoies. »

Ce qui est dit ici des attributions de l'administration
des monnoies pour déterminer les difficultés et les
doutes qui peuvent s'élever sur le titre des ouvrages
d'or ou d'argent , ainsi que sur l'espèce d'ouvrages qui
peuvent supporter l'empreinte des poinçons sans détérioration , est positivement conforme au vrai sens de
l'art. 37 de la loi du 19 brumaire an 6 , qui y est indiqué : aussi la jurisprudence des tribunaux est-elle conforme à l'opinion développée sur ce point.

La question relative à la vérification du titre se
trouve décidée d'abord par arrêt du 22 juillet 1808, en
la cause des sieurs Moulinier , Bautte et compagnie. Il
s'agissoit de décider si douze tabatières d'or saisies au
préjudice de ceux-ci étoient fourrées, ou seulement
trop chargées de soudure : elles furent déclarées fourrées, par le tribunal correctionnel et par la cour d'appel
du Léman, et les accusés furent condamnés à l'amende.

Bautte et Moulinier se pourvurent en cassation ;
mais dans le même temps ils s'adressèrent au ministre
des finances ; ils demandèrent qu'il voulût bien faire
décider par l'administration des monnoies si les ouvrages saisis étoient fourrés.

Cette demande fut accueillie ; l'administration des
monnoies consultée , décida, dans sa séance du 8 dudit
mois , que les tabatières n'étoient pas fourrées , mais
seulement trop chargées de soudure. Le rapport fait à
ce sujet ayant été transmis à Son Excellence, elle

l'envoya à M. le directeur général des droits réunis, en le chargeant de faire cesser toutes poursuites sur cette affaire : elle autorisa l'administration des monnoies à faire restituer les tabatières, qui furent dénaturées.

Un second arrêt du 10 mars 1810, rendu en la cause du sieur Delaide, fabricant à Paris, a décidé dans le même sens une question de titre, et celle relative à la possibilité d'appliquer le poinçon sans détérioration. Il s'agissoit d'une saisie faite sur le commis-voyageur du sieur Delaide : on soutenoit partie des objets saisis fourrés de métaux étrangers, et partie dépourvus de marque. La cour criminelle de la Dyle prononça la confiscation, et condamna à l'amende. Le sieur Delaide se pourvut en cassation : l'administration des monnoies fut consultée sur la nature du délit ; elle décida, quant aux articles présumés fourrés, qu'il n'y avoit qu'excès de soudure, et à l'égard de ceux dépourvus de marque, qu'ils n'étoient pas susceptibles d'être marqués par leur nature. La cour, ensuite de l'avis de l'administration des monnoies, et sur le vu de deux lettres du ministre des finances écrites en conséquence, annulla.

Enfin, un troisième arrêt du 4 août 1806, rendu au préjudice de Ladérrière, coutelier, et qui est rapporté dans le bulletin criminel de la cour de cassation, nous fournit une idée de ce que l'on peut entendre par *ouvrages qui ne peuvent supporter l'empreinte des poinçons sans détérioration*, puisqu'on y voit des ouvrages de la plus petite dimension assujettis rigoureusement à la formalité de la marque.

Il s'agissoit d'une saisie faite sur Laderrière le

9 vendémiaire an 13, de cent quarante-six couteaux,
six fourchettes et quatre grands couteaux à manche
d'ébène, d'ivoire ou d'écaille, garnis soit de médaillons,
soit de viroles en argent, non marqués d'aucun poinçon
de la fabrique, du titre ni de la garantie : les tribunaux
de Namur déchargèrent ce coutelier des poursuites dirigées contre lui par la régie des droits réunis : ils pri-
rent pour base de leur décision les moyens allégués
par ce marchand, savoir : 1° que les marchands d'or
et d'argent étoient seuls assujettis à porter leurs ouvrages
au bureau de garantie ; 2° que les médaillons et viroles,
une fois appliqués par le coutelier à ses manches d'é-
caille, d'ébène ou d'ivoire, ne pouvoient, sans détérioration, souffrir l'apposition du poinçon ; 3° que les
employés de la régie refusoient même d'appliquer le
poinçon à ces légères lames d'argent lorsqu'elles leur
étoient présentées avant l'incrustation : sur le recours
en cassation : « La cour, vu les articles 1, 18, 21, 77
» et 107 de la loi du 19 brumaire an 6, attendu que
» par ces dispositions tous les ouvrages tant en or qu'en
» argent, et les ouvrages doublés ou plaqués d'or et
» d'argent sont soumis aux titres prescrits et à la per-
» ception du droit de garantie ; qu'à cet effet les fabri-
» cans et marchands d'or et d'argent sont tenus de
» porter au bureau leurs ouvrages pour y être essayés,
» titrés et marqués, ou être revêtus de l'une des em-
» preintes de poinçon prescrites, et que tout ouvrage
» d'or et d'argent achevé et non marqué trouvé chez
» un fabricant ou marchand, donne lieu à la saisie, aux
» poursuites, à la confiscation, et aux autres peines
» portées par la loi ; — Attendu que, loin que les ouvrages

» de coutellerie garnis de viroles et de médaillons d'or
» ou d'argent soient exempts des dispositions générales
» de la loi, l'art. 86 excepte seulement les joailliers pour
» les ouvrages montés en pierres et en perles, pour
» ceux émaillés dans toutes les parties, ou auxquels
» sont adaptés des cristaux; que d'ailleurs l'art. 8 établit
» un poinçon spécial pour les menus ouvrages, et un
» poinçon particulier pour les ouvrages doublés ou
» plaqués d'or et d'argent; — Attendu que ces mesures
» ordonnées par la loi repoussent l'allégation du fait de
» refus fait par les employés de marquer les menus ob-
» jets de cette espèce lorsqu'ils leur sont présentés, la
» cour casse. »

2. Tous les autres ouvrages de joaillerie et
orfévrerie, sans distinction ni exception, auxquels seroient adaptés, en quelque nombre que
ce soit, des pierres ou des perles fines ou
fausses, des cristaux, ou qui seroient émaillés,
seront sujets à l'essai et au paiement du droit
dont il s'agit, ainsi qu'il est prescrit par la loi
précitée.

## 5 Vendémiaire an 7.

*Arrêté du directoire exécutif, relatif aux frais de bureaux et à l'ordre du service pour les employés.*

Le directoire exécutif, considérant que la prompte expédition des affaires, et la diminution des dépenses exigent que l'ordre du travail et la rétribution des employés soient déterminés d'une manière précise et connue de chacun d'eux :

### ARTICLE PREMIER.

A compter du 1er vendémiaire de l'an 7, les employés et salariés publics ne recevront pour leur rétribution que leur traitement fixe; il ne leur sera fourni dans les bureaux, que le papier, l'encre, le pulvérin, le pain et la cire à cacheter.

2. Le bois nécessaire pour le chauffage des bureaux sera réglé pour chacun d'eux, et la quantité ne pourra en être excédée.

3. Les employés chargés de l'expédition des affaires par écrit seront tenus de se trouver à leur poste pendant sept heures au moins, tous

les jours, excepté le décadi et les fêtes nationales.

4. Les heures de travail pour les employés
à Paris sont fixées depuis neuf heures du matin
jusqu'à quatre de l'après-midi.

5. Les ministres et les chefs des autres établissemens publics, feront parvenir tous les
jours dans les bureaux, avant neuf heures du
matin, une feuille signée et datée par eux,
sur laquelle tous les employés seront tenus de
signer leur certificat de présence ; ceux qui seront absens pour cause de maladie, en pré-
viendront par écrit leur chef, avant l'heure
ci-dessus indiquée ; leurs lettres seront annexées à la feuille, qui sera rapportée à neuf
heures.

6. Pareilles signatures seront répétées sur
une autre feuille à quatre heures ; la même
précaution sera renouvelée à telle autre heure
qu'il sera jugé convenable.

7. Les absens seront privés, pour la première fois, de dix jours de traitement ; d'un
mois pour la seconde ; ils seront remplacés en
cas de récidive.

8. Les premiers commis et chefs de division
seront tenus de dresser l'état des employés
travaillant sous leur surveillance, et d'y joindre

leurs notes et observations sur la manière don
ils remplissent leurs devoirs ; et il ne sera accordé d'avancement qu'à ceux qui auront des
notes favorables.

9. Les dispositions ci-dessus seront exécutées
dans les départemens, d'après l'ordre du travail
qui sera réglé par les administrations centrales.

Tous les ministres sont chargés d'exécuter et
de faire exécuter le présent arrêté, qui sera imprimé dans le bulletin des lois.

———

## 6 Frimaire an 7.

*Arrêté du gouvernement, qui désigne des
bureaux de sortie pour les ouvrages d'or
et d'argent.*

Le directoire exécutif, vu la loi du 19 brumaire de l'an 6, et sur le rapport du ministre
des finances, arrête :

### ARTICLE PREMIER.

Les ouvrages d'or et d'argent destinés pour
l'étranger sortiront du territoire de la république,

1°. Par terre, et pour le nord, par les communes de Turnhout, Cologne, Mayence et Coblentz ; pour l'est, par celles de Strasbourg, Bourglibre, Pontarlier, Versoix, et Lans-le-Bourg ; pour le sud, par celles du Pas-de-Behobie et Ainhos.

2°. Par mer, par les ports d'Anvers, Ostende, Dunkerque, Calais, Saint-Valery, Rouen, le Hâvre, Port-Malo, Nantes, la Rochelle, Bordeaux, Bayonne, Agde, Cette, Marseille, Toulon et Nice ; tous autres passages demeurent interdits et prohibés (1).

---

(1) Voir (à la table) un autre arrêté sur ce même objet du 9 vendémiaire an 10.

Un autre du 13 ventôse, indiqué *ibid.*, étend la prohibition de l'exportation du numéraire aux matières d'or et d'argent.

Enfin un troisième, du 17 prairial suivant, indiqué *ibid.*, permet de nouveau cette exportation en se conformant aux lois sur les douanes.

Ce dernier arrêté fut publié dans les quatre départemens de la rive gauche du Rhin, par suite de celui du 20 thermidor même année, indiqué *ibid.*

## 26 Frimaire an 7.

*Arrêté du directoire sur les droits de con-*
*trôle et de marque dans les pays réunis*
*ou conquis où ils n'avoient pas lieu.*

Le directoire exécutif, etc.

### ARTICLE PREMIER.

Le poinçon de recense désigné dans l'art. 8,
de la loi du 19 brumaire an 6, ne sera point
apposé sur les ouvrages d'orfévrerie fabriqués
dans les ci-devant provinces où le droit de contrôle et de marque desdits ouvrages n'avoit pas
lieu, ainsi que dans les pays conquis et réunis
à la république française.

2. Lesdits ouvrages seront empreints du
poinçon ET désigné dans l'art. 23 de la même
loi, lequel tiendra lieu du poinçon de recense,
et sera apposé sans frais.

3. L'apposition dudit poinçon ne pourra se
faire gratuitement que pendant deux mois à
compter de la publication du présent arrêté,
passé lequel délai lesdits ouvrages seront soumis à l'essai, seront titrés, et paieront le droit
de garantie.

4. Le ministre des finances, etc.

## 27 Pluviôse an 7.

*Arrêté du directoire qui désigne les bureaux pour la marque des ouvrages venant de l'étranger.*

Le directoire exécutif, etc.

### ARTICLE PREMIER.

Les ouvrages d'or et d'argent venant de l'étranger seront envoyés pour être marqués du poinçon ET, et payer le droit conformément à la loi précitée ( 19 brumaire an 6), dans les bureaux de garantie établis à Anvers, Maëstricht, Ruremonde, Liége, Luxembourg, Metz, Sarguemine, Strasbourg, Colmar, Porentruy, Dijon, Besançon, Lons-le-Saulnier, Chambéry, Gap, Digne, Nice, Toulon, Marseille, Montpellier, Perpignan, Carcassonne, Foix, Tarbes, Pau, Bayonne, Bordeaux, la Rochelle, Brest, Port-Malo, Saint-Lô, Valogne, Caen, Port-Brieux, Rouen, Dieppe, le Hâvre, Amiens, Arras, Saint-Omer, Lille, Dunkerque, Bruges.

## 2 Germinal an 7.

*Loi sur les réglemens relatifs au titre et à la surveillance des matières d'or et d'argent dans les ateliers et fabriques d'horlogerie du Jura, de la Haute-Saône et du Mont-Terrible.*

Le conseil des anciens, etc.

### ARTICLE PREMIER.

Les règlemens et le titre établi pour la manufacture nationale de Besançon, par les arrêtés de représentans du peuple et du comité de salut public, confirmés par la loi du 7 messidor an 3, ainsi que les coutumes et règlemens établis dans les départemens du Jura, de la Haute-Saône et du Mont-Terrible, relativement au titre et à la surveillance des ouvrages et matières d'or et d'argent, sur les ateliers et fabriques d'horlogerie, seront provisoirement conservés jusqu'à ce que le corps législatif ait dans sa sagesse adopté les moyens les plus propres à assurer l'existence et la prospérité de ces ateliers et fabriques.

2. Le directoire exécutif est chargé, etc.

## 13 Prairial an 7.

*ARRÊTÉ du directoire exécutif, relatif aux fonctions des employés des bureaux de garantie.*

Le directoire exécutif étant informé qu'il s'est élevé des doutes et des difficultés relativement à l'exercice des fonctions respectives confiées aux employés des bureaux de garantie, voulant prévenir tout ce qui pourroit nuire à l'activité desdits bureaux ; vu la loi du 19 brumaire an 6, et ouï le rapport du ministre des finances, arrête :

### ARTICLE PREMIER.

Le contrôleur du bureau de garantie, chargé essentiellement de surveiller le titre des matières et ouvrages d'or et d'argent, et de les poinçonner, l'est également de la direction du service ainsi que de la tenue et police dudit bureau.

2. Il surveille l'essayeur, tant pour ce qui concerne la fixation du titre des lingots et ouvrages, que pour la perception du prix des essais, conformément à la loi précitée.

3. Il surveille de même la perception, et s'assure qu'elle se fait légalement.

4. Toute pièce de recette et de dépense qui ne seroit point visée par lui, conformément à l'art. 70 de ladite loi, ne sera point admise dans les comptes.

5. Le receveur du droit de garantie, qui n'est pas chargé d'autres fonctions publiques, ne peut, sous aucun prétexte, refuser d'accompagner le contrôleur dans les visites et recherches qu'il juge à propos de faire pour découvrir la fraude et constater les contraventions ; le receveur qui est chargé d'autres objets de perception dépendans de la régie de l'enregistrement (1) et domaines, accompagnera le contrôleur dans ses visites et recherches, aussi souvent que l'exercice de ses fonctions le permettra.

6. L'essayeur ne peut refuser, sous aucun prétexte, d'accompagner le contrôleur et le receveur dans les mêmes visites et recherches, lorsqu'ils présument avoir besoin de lui pour

----

(1) Depuis la loi relative à l'établissement des droits réunis, ce ne sont plus les employés de l'enregistrement et du domaine qui sont chargés de cette partie du service, mais bien ceux de cette régie.

7

essayer à l'instant les matières et ouvrages qu'ils croiroient ne pas être au titre légal.

7. Les heures du travail des bureaux de garantie sont réglées par les administrations centrales des départemens, en se conformant, autant que le service dont il s'agit le permettra, aux dispositions de l'arrêté du directoire exécutif du 5 vendémiaire dernier.

8. Les frais desdits bureaux sont aussi réglés par les mêmes administrations, conformément aux dispositions de l'arrêté du directoire exécutif du 5 vendémiaire dernier (1) et acquittés provisoirement, sauf l'approbation du ministre des finances.

9. Les employés des bureaux de garantie sont remboursés tous les trois mois, des ports de lettres et paquets relatifs au service qu'ils peuvent recevoir par la poste et les messageries, sur les états indicatifs des lieux d'où ils leur auront été adressés, des personnes qui les leur auront adressés, et de l'objet des envois ; lesdits états, accompagnés, autant que faire se pourra, de pièces justificatives, seront présentés à l'approbation du ministre des finances.

_______________

(1) Voir (à la table) cet arrêté.

10. Lorsque les employés desdits bureaux font des recherches et visites chez les orfévres et autres citoyens faisant le commerce des matières et ouvrages d'or et d'argent, dans les communes de l'arrondissement du bureau , autres que celle de leur domicile , ils sont indemnisés de leurs frais de voyage à raison de 50 cent. par 4 kilomètres 444 mètres [ou chaque lieue] (1), en produisant des feuilles de service certifiées par les officiers municipaux qui les ont accompagnés dans leurs visites.

Ladite indemnité n'a lieu que pour les recherches et visites dans le cours desquelles ils n'auroient pas fait de saisie d'ouvrages en contravention ; dans le cas contraire, ils trouvent leur indemnité dans le dixième des confiscations qui leur est attribué par la loi.

11. Les traitemens des employés , ainsi que les différentes dépenses ci-dessus exprimées, sont payés sur la masse des produits du droit de garantie, de telle manière que si, par une cause quelconque, la recette d'un bureau n'est point suffisante pour en acquitter les charges, il y est suppléé sur la recette des autres bureaux qui produisent plus qu'il n'ont à dépenser.

---

(1) Une décision de S. Exc. le ministre des finances,

## 16 Prairial an 7.

*Arrêté du directoire exécutif, qui ordonne la promulgation de l'art. 15 de la déclaration du roi du 26 janvier 1749.*

### ARTICLE PUBLIÉ.

Enjoignons à tous les orfévres, joailliers, fourbisseurs, merciers, graveurs et autres, travaillant et fabriquant des ouvrages d'or et d'argent (a), de tenir des registres cotés et paraphés par l'un des officiers de l'élection (aujourd'hui du maire), dans lesquels ils enregistreront, jour par jour, par poids et espèces, la vaisselle et autres ouvrages vieux ou réputés vieux suivant l'art. 3, qu'ils achèteront pour leur compte ou pour les revendre; ceux qui leur seront portés pour raccommoder ou donnés en nantissement, pour modèle ou dépôt, ou sous quelque prétexte que ce puisse être, et ce, à l'instant que lesdits ouvrages leur auront été apportés, ou qu'ils les auront achetés : ils seront aussi tenus de faire mention

---

du mois de janvier 1812, a porté cette indemnité à 1 fr. par lieue. Lettre de l'administration au contrôleur de Turin, du 20 février 1812.

dans lesdits enregistremens, de la nature et qualité des ouvrages, et des armes qui y seront gravées ; des noms et demeures des personnes à qui ils appartiennent, sans qu'ils puissent travailler aux ouvrages qui leur auroient été apportés pour raccommoder, qu'ils ne les aient portés sur leurs registres, le tout à peine de confiscation et de 300 fr. d'amende (1).

(a) Il a été mis en question si le sens de cet article contenoit une obligation pour les horlogers, d'enregistrer les montres qui leur sont données pour les raccommoder ; ce point a été résolu par l'administration des monnoies, dans son instruction du 1er prairial an 8, en ces termes : « Il est vrai que les horlogers ne sont » pas compris dans les dispositions de cet article, mais » c'est parce que ce qui les concerne est déterminé » par l'article suivant (art. 16) qui s'exprime ainsi : » *Nous n'entendons néanmoins assujettir les horlogers* » *audit enregistrement, et à charge par eux de ne re-* » *cevoir aucune montre d'or et d'argent dont les boîtes* » *ne soient contrôlées, sous les peines portées par l'ar-* » *ticle précédent.* Ainsi, il faut qu'un horloger ne re- » çoive que des montres dûment marquées, ou qu'il » enregistre, pour ne pas être exposé à la saisie de celles » qui ne seroient pas en règle. »

---

(1) Publié en Piémont, dans la Ligurie et dans les états de Parme et Plaisance, ensuite du décret impérial du 11 janvier 1808. V. la table.

Il ne paroît pas exact de dire que les horlogers ne
sont pas compris dans les dispositions de l'art. 15; ils y
sont compris sous la qualification générique de marchand fabriquant et travaillant des ouvrages d'or et
d'argent, comme ils le sont dans celles de l'art. 107 de
la loi du 19 brumaire an 6 (1); leurs obligations ré-
sultent de cet art. 15, sans qu'il soit nécessaire de les
puiser ailleurs, et surtout dans une partie de la loi, qui
n'a pas été publiée. Le directoire exécutif l'a pensé
ainsi, puisqu'il n'a ordonné la publication que de
l'art. 15 seulement de l'édit de 1749. Les cours et tribunaux ont saisi cette pensée du gouvernement, puisque
chaque fois qu'on a saisi chez un horloger des objets
dépourvus de marques, ils en ont ordonné la confiscation.

Il faut donc dire qu'en vertu de cet art. 15, les horlogers, même ceux qui s'occupent seulement du raccommodage, sont obligés à la tenue d'un registre pour
les montres qu'ils ont chez eux, sous les peines y énoncées : tel est le principe dont l'application a été faite
en la cause rapportée ci-après.

Le 13 janvier 1807, il fut fait une saisie de montres
non poinçonnées, au préjudice du sieur Hittorf, horloger : sur l'instance introduite ensuite du procès verbal
de saisie, il soutient, 1°, qu'il n'étoit pas horloger, mais
seulement raccommodeur de montres, et qu'à ce titre
il n'étoit pas assujetti aux formalités prescrites aux horlogers; 2°, disoit-il, les horlogers ne sont pas nommé-

-----

(1) Voir les notes sur cet article.

ment compris dans les dispositions de la loi de brumaire an 6; 3°, enfin il ajoutoit, qu'en le supposant horloger, il n'étoit pas en contravention, parce que, dans
le système de la loi de brumaire, le seul article applicable aux horlogers étoit l'art. 16 de la déclaration
du roi de 1749: mais que cet article n'avoit pas été
publié dans les départemens de la rive gauche du Rhin,
quoiqu'on y eût publié l'art. 15 de la même déclaration:
ces motifs furent adoptés par le tribunal correctionnel
et par la cour criminelle de Rhin-et-Moselle.

Mais la cour de cassation, par son arrêt du 24 avril
1807, « vu l'art. 74 de la loi du 19 brumaire an 6, por-
» tant : Les fabricans, etc.; et l'art. 80, ainsi conçu : Les
» contrevenans, etc.;

» Vu aussi l'art. 107 de la même loi, aux termes du-
» quel tout ouvrage d'or et d'argent achevé et non mar-
» qué, trouvé chez un marchand ou fabricant, sera
» saisi, et les propriétaires des objets saisis encourront
» la confiscation de ces objets, et en outre les autres
» peines portées par la loi.

» Vu enfin la déclaration de 1749, dont l'art. 15
» impose expressément à l'horloger auquel des montres
» ont été donnés à raccommoder, d'inscrire, à peine de
» confiscation, les montres sur son registre.

» Attendu qu'il résulte de ces différens textes de loi,
» que l'horloger, ne fît-il que raccommoder, doit, à
» peine d'amende, comme tout autre marchand et fa-
» bricant d'ouvrages d'or et d'argent, tenir un registre,
» sur lequel il est obligé d'inscrire même les montres
» qui lui sont confiées pour les réparer, et que, à dé-
» faut de cette inscription, ces montres sont dans le

» cas de la saisie, si elles ne sont pas revêtues du poin-
» çon déterminé par la loi.

» Attendu qu'aucune des montres saisies chez l'hor-
» loger Hittorf, et qu'il prétend ne s'être trouvées dans
» son domicile qu'à titre de raccommodage, n'étoit
» inscrite sur aucun registre, et qu'il a même déclaré
» n'en point tenir.

» Que ces montres, quoique de matières d'or ou d'ar-
» gent, ne se trouveroient même revêtues d'aucune
» marque.

» Attendu que vainement, pour s'excuser, Hittorf a
» prétendu que ces montres ne lui appartenoient pas :
» car, à défaut de leur inscription sur aucun registre,
» elles étoient réputées former sa propriété, et ne point
» exister chez lui pour être raccommodées.

» Attendu qu'en cet état il y auroit lieu à l'amende
» de 200 fr., pour défaut d'inscription de ces montres
» sur le registre que le sieur Hittorf devoit tenir, mais
» encore à leur saisie et confiscation pour défaut de la
» marque requise.

» Que cependant la cour de justice criminelle, dont
» l'arrêt est attaqué, au lieu d'accueillir cette saisie, et
» de prononcer cette confiscation et cette amende, »
» annullé et ordonné la restitution des montres sur les-
» quelles elle frappoit ;

» Et qu'en ce faisant elle a violé les dispositions des
» articles ci-dessus cités.

» Par ces motifs, la cour casse et annulle l'arrêt
» rendu en faveur du sieur Hittorf le 20 février 1807,
» par la cour de justice criminelle du département de
» Rhin-et-Moselle. »

On voit un autre arrêt du 3 mars 1808, conforme aux principes énoncés dans le précédent, en la cause du sieur Podesta, horloger à Parme : la cour décida qu'il n'y a pas de différence entre les horlogers fabriquant des montres, et ceux qui se chargent seulement de les raccommoder ; que les uns et les autres sont également assujettis par l'art. 15 de la déclaration du roi de 1749, qui doit être combinée avec la loi du 19 brumaire an 6.

Cet arrêt décida en même temps, que cette obligation, résultant plus particulièrement de cette déclaration de 1749, l'amende en contravention à cet art. 15 ne peut être prononcée que tout autant que ledit article aura été publié antérieurement au procès verbal.

La dernière partie de cet arrêt est conforme à ce qu'avoit déjà décidé la même cour le 30 janvier précédent, sur le recours porté devant elle contre un arrêt de la cour correctionnelle de Turin : elle maintint l'arrêt qui lui avoit été dénoncé pour avoir admis comme moyen d'excuse, en faveur de l'horloger saisi, le défaut de publication des art. 15 et 16 de la déclaration du roi de 1749, adoptée par arrêté du gouvernement du 16 prairial an 7 (1).

---

(1) Voir (à la table) l'art. 15 publié.

## 3 Vendémiaire an 8.

*Arrêté du directoire exécutif, concernant le titre et la marque des matières d'or et d'argent employées dans les manufactures d'horlogerie des départemens du Doubs et du Mont-Terrible.*

### ARTICLE PREMIER.

Le titre des matières d'or et d'argent employées à la fabrication de boîtes de montres dans l'horlogerie nationale de Besançon, demeure fixé, savoir, pour l'or, à 760 millièmes (18 karats et 1 quart), sous la tolérance de 10 millièmes (1 quart de karat); et pour l'argent, à 834 millièmes (10 deniers et 1 quart), sous la tolérance de 21 millièmes (1 quart de denier), au-dessous desquelles proportions aucune boîte ne pourra être reçue ni poinçonnée.

2. Le titre desdites matières et ouvrages sera constaté par l'essayeur du bureau national de garantie établi dans la commune de Besançon, en vertu de la loi du 19 brumaire an 6, et dans la forme prescrite par l'arrêté du comité de salut public du 13 prairial an 3 : aucun artiste fabricant de boîtes ne pourra se sous-

traire à cet essai, sans encourir les peines portées par la loi du 19 brumaire.

3. L'essayeur apposera sur lesdites boîtes,
après en avoir constaté le titre, le premier
poinçon établi par l'arrêté du 13 prairial, avec
ces lettres F S (fidélité, sûreté).

4. Il sera tenu par l'essayeur un registre
particulier des essais qu'il aura faits pour les
artistes de l'horlogerie; ce registre, coté et paraphé par l'administration départementale,
contiendra les détails prescrits par l'art. 13 de
l'arrêté du 13 prairial.

5. Pour tenir lieu à l'essayeur du droit qui
lui est attribué par la loi du 19 brumaire, et
dont l'horlogerie nationale sera exempte (1), il
continuera de jouir d'un traitement annuel de
1,200 fr., payable sur les fonds accordés pour
l'horlogerie.

6. Les boîtes poinçonnées par l'essayeur
seront marquées par le contrôleur du bureau
national de garantie, du second poinçon établi
par le même arrêté, avec ces lettres F N B
(fabrique nationale de Besançon).

7. Le contrôleur tiendra, comme l'essayeur,

------

(1) Voir ( à la table) le décret impérial du 21 août 1806.

un registre particulier des boîtes ainsi poinçonnées : ce registre sera conforme aux dispositions de l'art. 15 dudit arrêté.

8. Les artistes attachés à l'horlogerie nationale de Besançon, et compris comme tels dans les états dressés par la ci-devant agence administrative de cet établissement, jouiront seuls, et pour les ouvrages par eux fabriqués, de l'exemption portée au présent arrêté. Ils ne pourront présenter au poinçonnement aucune boîte de fabrication étrangère, sous peine de répétition des droits établis par la loi du 19 brumaire, et de ceux auxquels est assujettie, par le tarif du 15 mars 1791, l'introduction en France des ouvrages de ce genre.

9. Les registres prescrits par les art. 4 et 6 ci-dessus sont particuliers à l'horlogerie de Besançon, et distincts de ceux que les employés du bureau de garantie devront tenir en exécution de la loi du 19 brumaire.

10. Un relevé de ces registres, constatant le nombre des montres qui auront été poinçonnées dans le cours de chaque décade, sera transmis au ministre de l'intérieur dans le cours de la décade suivante, par l'administration centrale du département.

11. Les dispositions prescrites par les ar-

ticles ci-dessus, en faveur de l'horlogerie de Besançon, seront communes à l'horlogerie du Mont-Terrible, sous les modifications suivantes : 1°. Le titre de l'or sera de 710 millièmes, tel qu'il est prescrit par la loi du 19 brumaire an 6 ; celui de l'argent sera, d'après la même loi, de 800 millièmes ; la tolérance respective sera de 3 millièmes pour l'or et de 5 pour l'argent. 2°. Les poinçons apposés sur les boîtes de montres, seront ceux prescrits par ladite loi du 19 brumaire : les frais d'essai seront à la charge des artistes. 3°. Les fabricans reconnus par l'administration centrale, et dont elle aura fait remettre un état aux bureaux de garantie, jouiront seuls, et seulement pour les ouvrages de leur fabrique, de l'exception portée en la loi du 2 germinal dernier (1) ; ils ne pourront faire poinçonner aucune montre étrangère, sous les peines contenues en l'art. 8 ci-dessus, dont l'administration centrale surveillera exactement l'exécution.

---

(1) Voir (à la table) cette loi et l'arrêté du comité de salut public du 13 prairial auquel elle se rapporte.

## 22 Frimaire an 8.

*Constitutions de la république française.*

Art. 75. Les agens du gouvernement autres que les ministres, ne peuvent être poursuivis pour des faits relatifs à leurs fonctions, qu'en vertu d'une décision du conseil d'état ; en ce cas, la poursuite a lieu devant les tribunaux ordinaires (1).

76. La maison de toute personne habitant le territoire français est un asile inviolable.

Pendant la nuit, nul n'a le droit d'y entrer que dans le cas d'incendie, d'inondation ou de réclamation faite de l'intérieur de la maison.

Pendant le jour, on peut y entrer pour un objet spécial déterminé ou par une loi, ou par un ordre émané d'une autorité publique.

---

(1) Un arrêté du 28 messidor an 13 (V. la table) autorise M. le conseiller d'état directeur général à permettre la mise en jugement de ses subordonnés.

On peut voir aussi (à la table) le décret du 9 août 1806.

## 28 Pluviôse an 8.

*Loi concernant la division du territoire français et son administration.*

EXTRAIT.

ART. 1er. Le territoire européen de la république sera divisé en départemens et en arrondissemens communaux, conformément au tableau annexé à la présente loi.

9. Le sous-préfet remplira les fonctions exercées maintenant par les administrations municipales et les commissaires de canton, à la réserve de celles qui sont attribuées ci-après aux conseils d'arrondissement et aux municipalités.

12. Dans les villes, bourgs et autres lieux pour lesquels il y a maintenant un agent municipal et un adjoint, et dont la population n'excédera pas 2,500 habitans, il y aura un maire et un adjoint; dans les villes ou bourgs de 2,500 à 5,000 habitans, un maire et deux adjoints; dans les villes de 5,000 habitans à 10,000, un maire, deux adjoints et un commissaire de police; dans les villes dont la population excédera 10,000 habitans, outre le maire,

deux adjoints et un commissaire de police, il y aura un adjoint par 20,000 habitans d'excédant et un commissaire par 10,000 d'excédant.

13. Les maires et adjoints rempliront les fonctions administratives, exercées maintenant par l'agent municipal et l'adjoint, relativement à la police et à l'état civil; ils rempliront les fonctions exercées maintenant par les administrations municipales de canton, les agens municipaux et adjoints.

---

## 7 Floréal an 8.

### *Arrêté relatif au service des argues nationales.*

#### ARTICLE PREMIER.

Les argues nationales continueront, comme avant la loi du 19 brumaire an 6, de servir à dégrossir et tirer les bâtons de cuivre doré et argenté.

2. Le salaire de ce travail sera le même que celui fixé avant cette loi; savoir:

Pour les bâtons de cuivre doré, de 12 centimes par hectogramme ( 6 sous par marc ).

Pour les bâtons de cuivre argenté, 8 cent. par hectogramme (4 sous par marc).

3. Les propriétaires desdites matières fourniront les filières et paieront les frais de forge et tirage.

4. Les tireurs d'or et d'argent paieront, aux prix fixés par l'art. 11 et suivant, les soumissions qu'ils en ont faites à l'administration des monnoies, le travail sur les bâtons de cuivre doré et argenté qu'ils ont fait tirer aux argues nationales depuis leur établissement.

5. Le ministre des finances, etc.

---

## 8 Floréal an 8.

*LETTRE de S. Exc. le ministre des finances, relative aux saisies qui s'effectuent par les maires et adjoints.*

La loi du 19 brumaire an 6, citoyen Préfet, relative à la surveillance du titre et à la perception des droits de garantie des matières et ouvrages d'or et d'argent, détermine (art. 101, 102, 103, 104 et 105) les formes à observer dans les recherches, saisies et poursuites relatives aux fabrications de faux poinçons, et autres contraventions à cette loi.

8

La présence d'un officier municipal étoit nécessaire pour valider à cet égard les opérations des receveurs et contrôleurs des bureaux de garantie.

Les art. 1, 9, 12 et 13 de la loi du 28 pluviôse dernier, concernant la division du territoire et l'organisation des administrations locales, attribuent aux préfets, sous-préfets, maires, adjoints et commissaires de police, les fonctions qui étoient exercées par les administrations centrales et municipales, et par les agens municipaux et leurs adjoints.

D'après les dispositions de cette dernière loi, les fonctions commises aux officiers municipaux par celle du 19 brumaire an 6, doivent être remplies par les commissaires de police dans les communes de cinq mille habitans et au-dessus; et par le maire ou l'un de ses adjoints, dans celles au-dessous de cinq mille habitans.

Mes prédécesseurs ont transmis à différentes administrations centrales et municipales, des instructions relatives à l'exécution de la loi du 19 brumaire an 6, sur les recherches, saisies et poursuites relatives aux contraventions à cette loi.

Ces instructions n'ayant pas été généralement répandues, je crois devoir vous en donner connoissance, en distinguant les contraventions à la loi du 19 brumaire an 6 du mode de leurs poursuites.

## Des Contraventions.

Il y a contravention à la loi,

1°. Lorsque les ouvrages d'or et d'argent venant de l'étranger n'ont pas été présentés aux employés des douanes, sur les frontières de la république, et envoyés au bureau de garantie le plus voisin, pour y être marqués du poinçon E T, et le droit en être payé, sauf les exceptions énoncées ( art. 23 );

2°. Lorsque les ouvrages d'or et d'argent venant de l'étranger, et introduits en France en vertu des exceptions énoncées en l'art. 23, sont mis dans le commerce sans avoir été portés au bureau de garantie pour y être marqués et le droit payé ( art. 24 );

3°. Lorsque les ouvrages déposés aux monts de piété, ou dans les établissemens destinés à des ventes ou à des dépôts de vente, n'ont pas payé le droit de garantie avant d'être mis en vente ( art. 28 );

4°. Lorsqu'on met dans le commerce des

lingots d'or et d'argent affinés qui n'ont pas payé le droit de garantie ( art. 29 );

5°. Si un ouvrage d'or, d'argent ou de vermeil, présenté à l'essayeur, est fourré de fer, de cuivre ou de toute autre matière étrangère ( art. 65 );

6°. Lorsque les fabricans d'ouvrages d'or et d'argent ne se sont pas fait connoître à l'administration du département et à la municipalité du canton, et n'y ont pas fait insculper leurs poinçons sur la planche à ce destinée (art. 72); l'art. 73 n'exige que la simple déclaration du marchand qui n'est point fabricant.

Ces déclarations et insculpations devront être faites dorénavant aux préfectures et municipalités.

7°. Lorsque les marchands et fabricans n'ont pas de registre coté et paraphé par l'administration municipale ( art. 74 );

8°. Lorsqu'ils n'ont pas inscrit sur ce registre la nature, le nombre, le poids et le titre des matières et ouvrages d'or et d'argent qu'ils ont achetés ou vendus, ainsi que le nom et la demeure des vendeurs ( art. 74 );

9°. Lorsque les marchands et fabricans ont acheté de personnes inconnues ou n'ayant pas de répondans connus ( art. 75 );

10°. Lorsqu'ils ont chez eux des ouvrages achevés qui n'ont point été portés au bureau de garantie, et conséquemment ne sont point revêtus des empreintes prescrites par la section II du titre I<sup>er</sup> (art. 77, 83 et 107);

11°. Il y a contravention de la part des fabricans de plaqué et doublé, joailliers, fabricans et marchands de galons, tissus, broderies et autres ouvrages en fils d'or et d'argent, s'ils n'ont pas fait leur déclaration à la municipalité, s'ils n'ont point de registre coté et paraphé par la municipalité, s'ils achètent de personnes inconnues, s'ils vendent pour fins des ouvrages en or et argent faux (art. 83, 84 et 100);

12°. Si les joailliers mêlent dans les mêmes ouvrages des pierres fausses avec des fines sans le déclarer aux acheteurs (art. 89);

13°. Si les ouvrages de plaqué ou doublé d'or et d'argent ne sont point marqués du poinçon de ces ouvrages (art. 8); si les fabricans de ces ouvrages n'y mettent point l'empreinte de leur poinçon particulier, et les chiffres indicatifs de la quantité d'or et d'argent qu'ils contiennent (art. 14 et 97);

14°. Si ces fabricans ne transcrivent point, jour par jour, sur leur registre, coté et paraphé par la municipalité, les ventes qu'ils font, avec désignation de l'ouvrage, de son poids, et de la quantité d'or et d'argent qui y est contenue (art. 98);

15°. Lorsqu'il y a fabrication de faux poinçons (art. 101);

16°. Si les marques des poinçons sont entées, soudées ou contre-tirées en quelque manière que ce soit (art. 108);

17°. Si les ouvrages sont marqués de faux poinçons (art. 109);

18°. Si l'application des poinçons a été faite par d'autres que par les préposés des bureaux de garantie (art. 110);

19°. Si un affineur travaille pour le commerce, sans avoir fait sa déclaration à sa municipalité, précédemment à l'administration du département, et présentement à la préfecture, et enfin à l'administration des monnoies (art. 113);

20°. Si l'affineur reçoit des matières qui n'ont point été essayées et titrées par un essayeur public autre que celui qui devra juger les lingots affinés (art. 114);

21°. Si l'affineur ne tient pas registre, coté et paraphé par l'administration de département, et présentement par le préfet; s'il n'y inscrit pas, jour par jour, par ordre de nu-

méros , la nature , le poids et le titre des matières qui lui sont apportées à affiner , ainsi
que les matières qu'il rend après l'affinage
( art. 116 ) ;

22°. S'il néglige d'insculper son nom en
toutes lettres sur les lingots par lui affinés ,
et s'il les rend aux propriétaires sans les avoir
portés au bureau de garantie pour y être essayés,
marqués, et le droit acquitté ( art. 29 et 117 );

23°. S'il se trouve dans le commerce des lingots et matières d'or et d'argent affinés et non
revêtus du poinçon du bureau de garantie
( art. 122 );

*Du mode des Poursuites de contraventions.*

Dans tous les cas où les employés d'un bureau de garantie ont quelques raisons de croire
qu'il y a contravention aux dispositions de la
loi du 19 brumaire an 6 , ils doivent requérir
un commissaire de police dans les communes
où il en existe, et, dans les autres, le maire ou
l'un de ses adjoints, à l'effet de vérifier la contravention et la constater.

S'il y a lieu à saisie, elle doit être faite par
les employés du bureau de garantie , qui
doivent également en dresser procès verbal,
ainsi que des autres contraventions à la loi.

Les commissaires de police, les maires ou leurs adjoints, sont requis, 1°, pour accompagner les employés dans les visites et recherches à faire chez les marchands et fabricans d'ouvrages d'or et d'argent, domiciliés dans l'arrondissement de la commune, et chez tous autres particuliers faisant clandestinement ce commerce;

2°. Pour être présens à toutes les opérations qui tendent à constater les fraudes sur lesquelles doivent prononcer les tribunaux correctionnels, auxquels la loi attribue la connoissance de ces délits (art. 102);

3°. Pour protéger les parties intéressées, c'est-à-dire les employés, dans le cas de refus et de violence, et les orfévres, dans celui où les employés s'écarteroient des dispositions de la loi;

4°. Pour être présens à la rédaction du procès verbal, veiller à ce que les faits et dires y soient rapportés avec exactitude; et, dans le cas d'omission, faire rétablir les faits ou dires omis;

5°. Pour, après la lecture du procès verbal, le signer ou attester, comme ils le jugent le plus convenable, attendu que, sans l'une ou l'autre de ces formalités, ce procès verbal ne feroit foi en justice que jusqu'à inscription de faux; ce qui ne peut avoir lieu lorsqu'il est signé et attesté d'un fonctionnaire public ayant pour ce qualité, et qui a assité à toutes les opérations;

6°. Enfin, pour accompagner les employés au greffe du tribunal correctionnel, être présens au dépôt des ouvrages saisis, et signer l'acte qui constate ce dépôt.

Je vous observe, au surplus, que le mode de poursuite ci-dessus indiqué, n'est applicable qu'aux fabricans et marchands domiciliés, et que la section II du titre VI de la loi du 19 brumaire an 6 prescrit d'autres formes à l'égard des marchands d'ouvrages d'or et d'argent ambulans, et venant s'établir en foire : ceux-ci sont sous la surveillance immédiate des maires et adjoints des communes, qui doivent vérifier et constater si ces marchands ambulans ont satisfait à la loi et rempli les formalités qu'elle prescrit; faire examiner les marques des ouvrages; saisir et remettre au tribunal correctionnel les ouvrages non marqués ou marqués de faux, ou en contravention, et par conséquent dresser tout acte nécessaire.

Je vous invite, en conséquence, citoyen Préfet, à faire connoître aux commissaires de police, dans les communes où il en existe, et

aux maires et adjoints des autres communes
de votre département, l'obligation que leur
impose la loi d'accompagner les préposés des
bureaux de garantie, lorsqu'ils en seront requis,
dans les recherches et visites qu'ils sont dans
le cas de faire chez les marchands et fabricans
d'ouvrages d'or et d'argent, et chez tous autres
particuliers faisant clandestinement ce commerce, ainsi que de les assister dans les opérations qui en sont la suite, et en signer les
actes. Vous leur recommanderez de déférer
exactement aux réquisitions des préposés des
bureaux de garantie, qui ne peuvent être que
verbales, et de concourir, autant qu'il sera en
eux, à l'exécution de la loi. Vous fixerez en
même temps l'attention des maires et adjoints
sur la surveillance qu'ils doivent apporter à
l'égard des marchands ambulans d'ouvrages
d'or et d'argent, pour s'assurer s'ils ont rempli
le vœu de la loi.

Veuillez, citoyen Préfet, m'accuser la réception de la présente, et m'informer des instructions que vous aurez transmises en conséquence.

Le ministre des finances, *signé* GAUDIN.

## 3 Germinal an 9.

*ARRÊTÉ relatif aux découpoirs et machines propres à la fabrication des monnoies.*

### ARTICLE PREMIER.

Les dispositions des lettres patentes du 28 juillet 1783 (1), qui obligent les entrepreneurs de manufactures, orfévres, horlogers, graveurs, fourbisseurs, et autres artistes et ouvriers qui font usage de presses, moutons, laminoirs, balanciers et découpoirs, à en obtenir la permission, seront exécutées selon leur forme et teneur.

2. Cette permission sera délivrée, savoir, dans la ville de Paris, par le préfet de police; dans les villes de Bordeaux, Lyon et Marseille, par les commissaires généraux de police; et dans toutes les autres communes de la république, par les maires de l'arrondissement.

3. Ceux qui voudront obtenir lesdites permissions, seront tenus de faire élection de do-

_______________

(1) On trouve cet article au 3ᵉ vol. du Code Fleurigeon sur la police administrative, page 202, ainsi que les lettres patentes du 28 juillet 1783.

micile, de joindre à leur demande les plans figurés, et l'état des dimensions de chacune desdites machines dont ils se proposeront de faire usage ; ils y joindront pareillement des certificats des officiers municipaux des lieux dans lesquels sont situés leurs ateliers ou manufactures, lesquels certificats attesteront l'existence de leurs établissemens et le besoin qu'ils pourront avoir de faire usage desdites machines.

4. Aucuns graveurs, serruriers, forgerons, fondeurs et autres ouvriers, ne pourront fabriquer aucune desdites machines pour tout individu qui ne justifieroit pas de ladite permission ; ils exigeront qu'elle leur soit laissée jusqu'au moment où ils livreront lesdites machines, afin d'être en état de la représenter lorsqu'ils en seront requis par l'autorité publique, sous les peines portées par lesdites lettres patentes.

5. Ceux qui ont actuellement en leur possession des machines de la nature de celles ci-dessus, seront tenus d'en faire la déclaration dans le délai de deux mois, à compter de la publication du présent arrêté, aux préfets et commissaires de police, et d'obtenir la permission de continuer à en faire usage, sous les peines portées par lesdites lettres patentes.

## 19 Messidor an 9.

*Arrêté des consuls, relatif à l'application
tion d'un poinçon de recense sur les lingots affinés avant la loi du 19 brumaire
an 6.*

### ARTICLE PREMIER.

Les propriétaires et porteurs de lingots d'or
et d'argent affinés et mis en circulation avant
la loi du 19 brumaire an 6, seront tenus de les
porter, dans le délai de deux mois, à compter
du jour de la publication du présent arrêté,
aux bureaux de garantie les plus voisins, pour
y être marqués sans frais d'un poinçon de
recense qui sera déterminé par l'administration
des monnoies.

2. Le délai de deux mois expiré, les art.
117, 118, 119, 120, 121, 122 de la loi du 19
brumaire an 6, sont déclarés applicables aux
lingots d'or et d'argent affinés à quelque époque
que ce soit, qui ne porteront pas l'empreinte
du poinçon de recense ou de ceux de garantie
nationale établis par la loi.

———

## 19 Messidor an 9.

*CIRCULAIRE de l'administration des mon-*
*noies aux contrôleurs de bureaux de*
*garantie.*

Nous vous prévenons, Citoyens, que les consuls de la république ont pris un arrêté le 19
messidor dernier, portant que les propriétaires
et porteurs de lingots d'or et d'argent affinés
et mis en circulation avant la promulgation de
la loi du 19 brumaire an 6, seront tenus, sous
les peines portées par les art. 117, 118, 119,
120, 121 et 122 de la même loi, de les porter
dans le délai de deux mois, à compter du jour
de la publication de cet arrêté, au bureau de
garantie le plus voisin, pour y être marqués,
sans frais, d'un poinçon de recense qui sera
déterminé par nous.

Cet arrêté ne concerne guère que deux ou
trois grandes villes, telles que Paris, Lyon et
Bordeaux, où la banque fait usage de matières
d'or et d'argent en lingots paraphés ou affinés ;
et dans ce dernier cas, ces lingots doivent porter
la marque de l'affinage du gouvernement, qui
étoit exploité avant la révolution par un régis-
seur nommé Auguste. Cette marque avoit pour

exergue les mots *affinage d'Auguste*. Il n'y avoit alors que deux ateliers, savoir un à Paris, et l'autre à Lyon.

Dès le commencement de la révolution, cette exploitation exclusive a cessé de l'être, par l'effet de la suppression des priviléges, et quelques particuliers de Paris ont affiné l'or et l'argent. C'est pour empêcher les abus qu'a fait naître ce moment de liberté, que le gouvernement a voulu que les lingots affinés alors fussent revêtus d'une marque à titre de recense, et qu'il a donné un délai de deux mois aux porteurs et propriétaires de lingots affinés, pour les présenter au bureau de garantie.

Il y a tout lieu de croire que l'on ne vous présentera aucuns lingots, au moyen de ce que les anciens ont dû nécessairement être convertis en ouvrages de bijouterie ou d'orfévrerie; si cependant, contre toute probabilité, l'on vous en présentoit, vous ne perdrez pas de vue que ces mêmes lingots ne sont réellement affinés qu'autant qu'ils sont revêtus de la marque de l'affineur. Ceux qui porteront celle de l'affinage d'Auguste, n'ont pas besoin d'un nouvel essai; et comme les marques sont multipliées sur toute la surface, vous apposerez dans le milieu de chacune le poinçon de recense figurant une grosse tête de liberté. Quant aux lingots affinés par des particuliers et revêtus de leur poinçon, vous ne les recenserez qu'après en avoir fait constater le titre, qui ne peut être au-dessous de 995 millièmes pour l'or, et 980 millièmes pour l'argent, conformément aux dispositions de l'art. 118 de la loi du 19 brumaire an 6. La recense devra aussi être mise dans le milieu du poinçon de l'affineur.

L'arrêté dont il s'agit ayant été inséré au bulletin des lois, il reçoit son exécution en ce qui concerne le délai de deux mois, à compter du jour où le bulletin officiel a été distribué au chef-lieu du département; ce qui est constaté par le registre, où l'arrivée de chaque numéro est certifiée.

———

## 9 Vendémiaire an 10.

*Arrêté du gouvernement, portant établissement au Port-Vendre et au Boulou, de bureaux de sortie d'ouvrages fabriqués en France.*

### ARTICLE PREMIER.

Les bureaux du Boulou et de Port-Vendre seront ajoutés à ceux désignés par l'arrêté du directoire du 5 frimaire an 7, pour la sortie des ouvrages d'or et d'argent fabriqués en France, avec jouissance de la prime des deux tiers des droits de fabrication.

---

## 13 Ventôse an 10.

*ARRÊTÉ qui prohibe l'exportation de toute espèce de matières d'or et argent.*

### ARTICLE PREMIER.

Les dispositions de l'arrêté du 21 de ce mois, qui prohibe l'exportation du numéraire, sont étendues à toute espèce de matières d'or et argent.

---

## 17 Prairial an 10.

*ARRÊTÉ relatif à l'exportation des matières monnoyées et ouvrages d'or et argent.*

### ARTICLE PREMIER.

Les matières d'or et d'argent monnoyées ou non, les vaisselles d'or et d'argent, et les vases d'or ou d'argent servant au culte, pourront être exportés à l'étranger, nonobstant les dispositions des lois des 5 et 15 septembre 1792.

2. Il est permis, en conséquence, d'exporter lesdites matières, en se conformant aux lois et règlemens relatifs aux douanes.

—

## 3o Thermidor an 10.

*Arrêté qui ordonne la publication du précédent dans les départemens de la rive gauche du Rhin.*

L'arrêté du 17 prairial an 10, qui permet l'exportation à l'étranger des matières d'or et d'argent monnoyées et non monnoyées, sera proclamé dans les quatre départemens de la rive gauche du Rhin réunis au territoire français, pour y être exécuté selon sa forme et teneur.

—

## 1o Prairial an 11.

*Arrêté portant règlement sur l'administration des monnoies. — Extrait. — Titre premier de l'administration centrale.*

### ARTICLE PREMIER.

L'administration des monnoies restera composée de trois membres nommés par le premier consul.

2. Elle est chargée de diriger la fabrication des monnoies, d'en juger le poids et le titre, de surveiller les fonctionnaires, directeurs, caissiers et autres employés, et vérifier la comptabilité des ateliers monétaires et le titre des espèces étrangères, de proposer la notification des tarifs qui règlent leur admission au change, de statuer sur les difficultés qui pourroient s'élever entre les porteurs des matières et les caissiers, de surveiller la fabrication des poinçons, matrices et carrés, et leur emploi; de l'épreuve des carrés nécessaires aux monnoies avant d'en faire l'envoi aux commissaires, et généralement de maintenir l'exécution des lois sur les monnoies et la garantie des matières d'or et d'argent (a).

(a) Cet arrêté, dont toutes les autres dispositions sont relatives aux fonctions de l'administration, relativement au système monétaire, fut transmis à tous les contrôleurs des bureaux de garantie, avec une circulaire datée du 3o messidor an 12, dans laquelle elle les prévient que « le ministre des finances a pris en consi- » dération les observations qu'elle a adressées à S. Exc., » pour être autorisée à confier la surveillance propre à » maintenir l'exécution des lois sur les monnoies, et à » prévenir les fausses fabrications, aux contrôleurs des » bureaux de garantie, qui exercent la surveillance

» relative au titre et à la garantie des matières et ou-
» vrages d'or et d'argent.

» En vous donnant (dit l'administration) cette nou-
» velle attribution, nous avons l'espérance que vous
» exercerez cette surveillance avec zèle, et que vous y
» mettrez toute l'activité qui peut seule en assurer le
» succès.

» Les contrôleurs des bureaux de garantie ont le
» droit de se transporter chez les particuliers, et dans
» les endroits où ils présument qu'il y a fabrication
» illicite de poinçons; ils ont aussi le droit de faire des
» visites et recherches relatives aux contraventions à la
» loi du 19 brumaire an 6 : cette latitude, dans la sur-
» veillance de l'orfévrerie, en donne une bien grande
» aux contrôleurs, pour faire des recherches relatives
» aux fabrications de fausse monnoie.

» Ainsi, lorsque vous trouverez chez un orfévre,
» horloger, etc., soit un laminoir, soit un emporte-
» pièce, ou toute autre machine que l'on pourroit em-
» ployer à faire de la monnoie, quoique destinée, en
» apparence, aux ouvrages d'orfévrerie, vous devez
» d'abord vous assurer si l'orfévre en fait réellement
» usage pour sa profession. Vous obtiendrez bientôt
» ce premier renseignement, puisque l'inspection des
» ouvrages fabriqués, ou en cours de fabrique, vous
» fera connoître de quelle machine on se sert pour les
» confectionner.

» Il est donc bien constant que si un orfévre a en sa
» possession, sans en faire usage pour la fabrique d'or-
» févrerie, un laminoir ou découpoir, ou toute autre
» machine propre à faire de la monnoie, c'est un pré-

» mier indice qui doit vous engager à faire chez lui
» une recherche étendue, et à examiner attentive-
» ment les pièces de monnoie, or et argent, que vous
» trouverez soit dans les armoires et tiroirs, soit dans
» son secrétaire, soit enfin dans ses poches.

» Il en est de cette recherche comme de celle que
» vous feriez si vous soupçonniez l'orfévre d'avoir de
» faux poinçons. Vous serez toujours secondé dans cette
» opération par l'officier de police qui vous accom-
» pagne, et qui, s'il en est besoin, requiert la force ar-
» mée pour maintenir la tranquillité, protéger les em-
» ployés, et s'assurer des prévenus du délit de fausse
» monnoie, qui doivent être traduits par-devant le tri-
» bunal spécial, s'il y en a un dans l'arrondissement,
» ou par-devant le tribunal criminel.

» La fausse monnoie ne circule pas seulement dans
» les villes et lieux voisins de l'endroit où elle se fa-
» brique; elle se porte au loin, et les fabricateurs ont
» des agens qui parcourent les départemens et qui y
» distribuent les fausses pièces, notamment dans les
» foires et marchés.

» Vous ne bornerez pas votre surveillance à la fabri-
» cation, elle portera aussi sur l'émission des pièces
» fausses; et lorsque vous aurez quelques indices à ce
» sujet, vous vous concerterez avec la police de l'ar-
» rondissement, qui observera de son côté par le mi-
» nistère de ses agens secrets, et vous donnera les
» moyens d'exécution.

» Désirant donner aux contrôleurs le plus de moyens
» possible pour opérer avec succès, nous avons pensé
» que leur surveillance devoit être faite avec le con-

» cours des commissaires impériaux près les hôtels des
» monnoies ; ces fonctionnaires auront souvent l'occa-
» sion de transmettre aux contrôleurs de l'arrondisse-
» ment des renseignemens dont ceux-ci tireront le parti
» le plus avantageux : il en sera de même des contrô-
» leurs à l'égard du commissaire impérial.

« S'ils découvrent une émission de fausse monnoie,
» sans pouvoir connoître le lieu de la fabrication, ils
» en instruiront le commissaire impérial, qui, de suite,
» en écrira aux contrôleurs de l'arrondissement, ou,
» s'il y a lieu, aux commissaires impériaux près les
» hôtels des monnoies. »

---

## 6 Ventôse an 12.

### *Loi sur les droits réunis, partie relative à la garantie.*

#### EXTRAIT.

ART. 80. Indépendamment des droits dont
il est parlé ci-dessus, la régie sera chargée de
percevoir, 1° le droit sur les cartes à la fabrication ; 2° le droit de garantie sur les matières
d'or et d'argent.

81. Les employés pourront entrer en tout
temps chez les individus sujets aux droits sur
les tabacs, la marque d'or et d'argent et les
cartes.

83. En cas de suspicion de fraude, ils pourront faire des visites, mais en se faisant assister d'un officier de police, qui sera tenu, sous peine de destitution et de dommages-intérêts, de déférer à la réquisition par écrit qu'ils lui en auront faite, et qui sera transcrite en tête du procès verbal.

84. Les procès verbaux signés de deux d'entre eux, feront foi en justice, jusqu'à inscription de faux (1).

—————

## 5 Germinal an 12.

*Extrait d'arrêté du gouvernement sur la répartition des amendes.*

Art. 22. L'administration centrale ne pourra avoir aucune part dans les produits des amendes et confiscations ; ils seront répartis entre le trésor public, les directeurs, inspecteurs, contrôleurs et employés, comme il suit :

Un sixième au trésor public, deux sixièmes

—————————————

(1) On peut voir, au sujet de cette loi, la circulaire de l'administration des monnoies, du 9 messidor an 12, ci-après.

au direuteur et à l'inspecteur de l'arrondissement, à raison de deux tiers pour le directeur,
et un tiers pour l'inspecteur ; trois sixièmes aux
employés qui auront concouru à la saisie de
la contravention, avec deux parts à chaque
contrôleur qui aura coopéré à la saisie.

23. Les transactions sur procès seront défi-
nitives (1),

1°. Avec l'approbation du directeur de département, lorsque, sur les procès verbaux de
contravention et saisie, les condamnations des
confiscations et amendes à obtenir ne s'élèveront pas à plus de 5oo fr.

2°. Avec l'approbation du directeur général,
lorsque lesdites condamnations s'élèveront de
5oo fr. à 3,ooo fr.

3°. Avec l'approbation du ministre des
finances dans les autres cas.

---

(1) Une circulaire de l'administration des monnoies,
du 1o pluviôse an 13 (V. la table) explique positivement que cet article ne peut être appliqué aux procédures en matière de garantie ; il en est de même pour les
amendes, ce qui y a rapport se trouve réglé par l'arrêté
du 28 floréal an 13. V. la table.

## 9 Messidor an 12.

*CIRCULAIRE de l'administration des monnoies, qui explique les rapports de la régie des droits réunis, sur la garantie.*

Plusieurs contrôleurs nous ayant consulté sur la loi du 5 ventôse an 12, relative au service de la régie des droits réunis, voici la réponse que nous leur avons faite.

« L'établissement de la régie des droits » réunis n'apporte aucune difficulté dans l'exé- » cution de la loi du 19 brumaire an 6. Il » n'est question dans la loi du 5 ventôse, ni du » titre des ouvrages, ni de la fabrication des » poinçons, qui sont exclusivement soumis à la » surveillance de l'administration des mon- » noies : elle transmet seulement à la régie des » droits réunis, dans toute leur intégrité, les » attributions dont étoit chargée celle de l'en- » registrement.

» Ainsi vous correspondrez avec le direc- » teur pour tout ce qui est relatif à la per- » ception et à la conservation du droit; et » votre correspondance avec nous aura pour » objet, comme par le passé, tout ce qui con- » cerne la police, l'art et le titre. »

## 9 Pluviôse, an 13.

*Extrait de circulaire de l'administration
des monnoies.*

L'intention de S. Exc. est qu'il soit tenu un
registre d'ordre, dans les bureaux de garantie,
sur lequel les contrôleurs inscriront jour par
jour leurs opérations, tant pour ce qui concerne le travail intérieur, que pour le travail
extérieur, c'est-à-dire, les actes de surveillance.

L'extrait de ce registre d'ordre, signé par
les contrôleurs, receveurs et essayeurs, devra
nous être envoyé à la fin de chaque mois,
joint à la correspondance ordinaire : cette mesure nous mettra à portée de juger de l'utilité
du travail des préposés, et de leur faire les
observations que les circonstances exigeront.

Dans le cas où la fourniture de ce registre
éprouveroit quelques difficultés en ce qui concerne le remboursement, nous autorisons les
contrôleurs à se le procurer par eux-mêmes ;
ils nous adresseront le mémoire quittancé du
marchand qui l'aura fourni, et nous compren-
drons cette dépense dans l'état des frais à rembourser pour le premier semestre de l'année
courante.

Les regi-tres d'ordre dont il s'agit, devront être présentés par les contrôleurs à MM. les préfets de département, ou aux sous-préfets, pour qu'ils veuillent bien les coter et parapher, et signer le procès verbal qui sera dressé sur le premier feuillet pour en constater l'usage.

*Approuvé par le ministre des finances.*

---

## 10 Pluviôse an 13.

*CIRCULAIRE de l'administration des monnoies.*

Ayant eu l'honneur de présenter au ministre des finances, nos observations au sujet des transactions qui ont été passées par plusieurs directeurs des droits réunis, sur des contraventions au droit de garantie des matières d'or et d'argent, S. Exc. a décidé que ce mode n'aurait plus lieu. Elle a écrit en conséquence à M. le conseiller d'état, directeur général des droits réunis, pour le prier de prescrire aux employés de cette régie, de ne plus se permettre de transiger sur les contraventions au droit de garantie des matières d'or et d'argent, et de se conformer tant dans la ma-

nière de constater, que pour la remise des
procès verbaux au commissaire impérial près
le tribunal de police correctionnelle, et le
dépôt des objets saisis au greffe de ce tribunal,
à ce qui est prescrit par la loi du 19 brumaire an 6.

---

## 1ᵉʳ Germinal an 13 (1).

*Loi relative aux droits réunis.*

Napoléon, Empereur des Français, sur le
rapport du ministre des finances, vu l'art. 44
de la loi du 2 ventôse dernier; le conseil
d'état entendu, décrète :

## CHAPITRE PREMIER.

### ARTICLE PREMIER.

Les vins, cidres, poirés nouvellement fabriqués, qui seront enlevés pendant la durée

---

(1) Devant indiquer ici les parties de cette loi qui
ont rapport à la garantie, on a cru pouvoir y placer le
texte entier sans inconvénient, puisque cet ouvrage
doit être plus particulièrement entre les mains de MM. les
employés des droits réunis; on observe cependant qu'il

des inventaires fixés par l'art. 49 de la loi du 5 ventôse an 12, sans avoir acquitté les droits au lieu de l'enlèvement, ne pourront être introduits dans les villes dans lesquelles les droits d'octroi sont perçus, sans acquitter à l'entrée les droits d'inventaire.

Les vendanges et fruits en nature acquitteront, pareillement à l'entrée desdites villes, dans le cas prévu ci-dessus et sous la même réserve, le droit proportionnel tel qu'il est fixé par l'art. 53 de la même loi.

2. La déduction accordée pour consommation de famille, par l'art. 60 de la loi du 5 ventôse an 12, aura lieu pour les poirés dans la même proportion et dans le même cas que pour les cidres.

3. Ceux qui récoltent à la fois des vins, cidres, poirés, auront la faculté, lors du recolement, d'opter entre la déduction de neuf hectolitres de vins, ou de dix-huit hectolitres de cidre ou de poiré; et dans le cas où ils vou-

---

est essentiel, pour tout ce qui tient au contentieux, de consulter la deuxième partie de cet ouvrage, qui traite de la procédure et de sa forme en matière de garantie : car cette forme est absolument indépendante de celle tracée en matière de droits réunis.

droient faire porter la déduction tant sur le vin que sur les cidres et poirés, elle ne pourra excéder en totalité la quotité de neuf hectolitres de vin, ou de dix-huit hectolitres de cidre.

## CHAPITRE II.

4. Les marchands et débitans de tabacs en gros et en détail, vendant sans licence, seront punis par la confiscation des tabacs trouvés dans leurs magasins et boutiques, et d'une amende égale à dix fois le prix de la licence dont ils auroient été pourvus.

5. Dans les lieux où les tabacs indigènes sont mis en vente dans les marchés publics, les cultivateurs pourront porter et remporter leurs tabacs, sans acquit à caution, les jours de marché seulement, et pour le marché et le retour du marché de leur arrondissement.

Les tabacs achetés au marché ne pourront en être enlevés sans acquit à caution.

6. Les tabacs indigènes ne pourront être enlevés et transportés du domicile du cultivateur, que sous acquit à caution, si ce n'est pour le marché de l'arrondissement.

Ils ne pourront être expédiés que pour les

fabricans ayant licence, les négocians en gros, ou les entrepôts que tiendra la régie.

7. Tout transport de tabac sans acquit à caution, en contravention aux articles précédens, sera puni de la confiscation et d'une amende égale au triple droit de fabrication.

8. Les acquits à caution pour les tabacs indigènes ne pourront être déchargés que par les contrôleurs de la régie, lorsqu'ils auront été déposés dans ses entrepôts, et par les contrôleurs aux fabriques, lorsque les tabacs seront adressés à des fabricans.

Lorsque les tabacs seront adressés à un négociant en gros, le déchargement des voitures ne pourra pas être fait qu'en présence des commis de la régie, et la décharge de l'acquit à caution ne sera donnée que par les contrôleurs.

Le négociant ne pourra vendre sans déclaration, et livrer que sur acquit à caution, tout ou partie des tabacs portés à sa charge : ses magasins seront soumis à la visite et à la surveillance des commis; et dans le cas où lesdits tabacs seroient soustraits ou enlevés sans déclaration, le négociant sera condamné à une amende qui sera égale à la valeur des tabacs manquans, et au droit de fabrication.

9. Les acquits à caution et leur décharge seront expédiés selon les formes prescrites par le titre III de la loi du 22 août 1791 sur les douanes.

## CHAPITRE III.

### *Droits sur les Cartes.*

10. Nul fabricant de cartes ne pourra s'établir à l'avenir hors des chefs-lieux de direction de la régie.

11. Tous les moules des cartes à figures seront déposés dans le principal bureau du lieu de la fabrique. Les fabricans seront tenus d'y venir imprimer les cartes à figures.

12. Les cartes ne pourront être fabriquées que sur du papier filigrané, qui sera délivré par la régie aux fabricans de cartes, et dont le prix lui sera remboursé par eux. Ce prix sera réglé chaque année par un décret impérial.

## CHAPITRE IV.

### *Des Distilleries.*

13. Si dans la distillation des pommes de terre on fait entrer du grain au-delà de la proportion nécessaire pour le levain, sa dis-

tillation sera soumise aux droits de l'art. 69 de la loi du 5 ventôse an 12, et aux formalités prescrites par les art. 70, 71, 72 et 73. La proportion de ce levain sera réglée d'après la contenance des chaudières.

## CHAPITRE V.

### *Des Bières.*

14. Le pâlement des chaudières servant à la fabrication de la bière sera fait en présence du propriétaire, par les employés de la régie, qui les marqueront des numéros nécessaires pour les distinguer et pour indiquer leur contenance en hectolitres : il sera dressé procès verbal de cette opération.

15. L'entonnement de la bière ne sera fait dans les brasseries que pendant le jour, savoir : du 1er vendémiaire au 1er germinal, depuis sept heures du matin jusqu'à cinq heures du soir ; et du 1er germinal au 1er vendémiaire, depuis cinq heures du matin jusqu'à huit heures du soir.

16. L'exemption du droit accordée par l'art. 65 de la loi du 5 ventôse an 12 à ceux qui ne brassent que pour la consommation de leur maison, ne peut s'étendre ni aux brasseurs

de profession, ni aux particuliers qui font
brasser la bière hors de leur domicile, ou qui
empruntent ou louent à des brasseurs domiciliés les chaudières et autres ustensiles nécessaires à la fabrication de la bière. Les brasseries
ambulantes sont interdites.

17. Les brasseurs de bière sont tenus de
souffrir les visites des employés de la régie, et
de leur ouvrir, sur leur réquisition, leurs brasseries, ateliers, magasins, caves et celliers, ainsi
que de leur représenter les bières qu'ils ont en
leur possession : ils sont tenus de faire sceller
les portes de communication des brasseries
avec les magasins voisins.

18. Toute brasserie en activité portera une
enseigne extérieure. Les brasseurs seront tenus
de marquer leurs tonneaux d'une empreinte
particulière.

19. Toute contravention aux articles ci-
dessus sera poursuivie et punie, ainsi qu'il est
prescrit par les art. 65 et 76 de la loi du
5 ventôse an 12.

## CHAPITRE VI.

*Des Commis et des Procès verbaux.*

20. Les préposés de la régie seront âgés au

moins de vingt-un ans accomplis; ils seront tenus, avant d'entrer en fonctions, de prêter serment devant le juge de paix ou le tribunal civil de l'arrondissement dans lequel ils exercent: ce serment sera enregistré au greffe, et transcrit sur leur commission, sans autres frais que ceux d'enregistrement et de greffe, et sans qu'il soit nécessaire d'employer le ministère d'avoué.

21. Les procès verbaux énonceront la date et la cause de la saisie, la déclaration qui en aura été faite au prévenu, les noms, qualités et demeures des saisissans et de celui chargé des poursuites, l'espèce, poids ou mesure des objets saisis; la présence de la partie à leur description, ou la sommation qui lui aura été faite d'y assister; le nom et la qualité du gardien, s'il y a lieu; le lieu de rédaction du procès verbal, et l'heure de sa clôture.

22. Dans le cas où le motif de la saisie portera sur le faux et l'altération des expéditions, le procès verbal énoncera le genre de faux, les altérations ou surcharges.

Lesdites expéditions, signées et paraphées des saisissans, *ne varietur*, seront annexées au procès verbal, qui contiendra la sommation faite à la partie de les parapher, et sa réponse.

23. Il sera offert main-levée, sous caution solvable, ou en consignant la valeur des navires, bateaux, voitures, chevaux et équipages saisis pour autre cause que pour importation d'objets dont la consommation est défendue; et cette offre, ainsi que la réponse de la partie, sera mentionnée au procès verbal.

24. Si le prévenu est présent, le procès verbal énoncera qu'il lui en a été donné lecture et copie : en cas d'absence du prévenu, la copie sera affichée dans le jour à la porte de la maison commune du lieu de la saisie.

Ces procès verbaux et affiches pourront être faits tous les jours indistinctement.

25. Les procès verbaux seront affirmés au moins par deux des saisissans, dans les trois jours, devant le juge de paix ou l'un de ses suppléans; l'affirmation énoncera qu'il en a été donné lecture aux affirmans.

26. Les procès verbaux, ainsi rédigés et affirmés, seront crus jusqu'à inscription de faux.

Les tribunaux ne pourront admettre contre lesdits procès verbaux d'autres nullités que

celle résultant de l'omission des formalités prescrites par les articles précédens.

27. Tout préposé destitué ou démissionnaire
sera tenu, sous peine d'y être contraint, même
par corps, de remettre à la régie ou à son
fondé de pouvoir, en quittant son emploi, sa
commission, ainsi que les registres et autres
effets dont il aura été chargé par la régie, et
de rendre ses comptes.

## CHAPITRE VII.

### *De la Procédure judiciaire sur les Procès verbaux de contravention.*

28. L'assignation à fin de condamnation sera
donnée dans la huitaine au plus tard de la
date du procès verbal, elle pourra être donnée
par les commis.

29. Si le tribunal juge la saisie mal fondée,
il pourra condamner la régie non-seulement
aux frais de procès et à ceux de fourrière, le
cas échéant, mais encore à une indemnité
proportionnée à la valeur des objets dont le
saisi aura été privé pendant le temps de la
saisie jusqu'à leur remise ou l'offre qui en aura
été faite; mais cette indemnité ne pourra

excéder un pour cent par mois de la valeur desdits objets.

30. Si, par l'effet de la saisie et leur dépôt dans un lieu et à la garde d'un dépositaire qui n'auroit pas été choisi ou indiqué par le saisi, les objets saisis avoient dépéri avant leur remise ou les offres valables de les remettre, la régie pourra être condamnée à en payer la valeur, ou l'indemnité de leur déportement

31. Dans le cas où la saisie n'étant pas déclarée valable, la régie des droits réunis interjetteroit appel du jugement, les navires, voitures, et les chevaux saisis, et tous les objets sujets à dépérissement, ne seront remis que sous caution solvable, après estimation de leur valeur.

32. L'appel devra être notifié dans la huitaine de la signification du jugement, sans citation préalable au bureau de paix et de conciliation. Après ce délai il ne sera point recevable, et le jugement sera exécuté purement et simplement; la déclaration d'appel contiendra assignation à trois jours devant le tribunal criminel du ressort de celui qui aura rendu le jugement; le délai de trois jours sera prorogé d'un jour pour chaque deux myriamètres de

distance du domicile du défendeur au chef-
lieu de tribunal (1).

33. Si la saisie est jugée bonne, et qu'il n'y
ait pas d'appel dans la huitaine de la signification, le neuvième jour le préposé du bureau
indiquera la vente des objets confisqués, par
une affiche signée de lui, et apposée tant à la
porte de la maison commune qu'à celle de l'auditoire du juge de paix, et procédera à la
vente publique cinq jours après.

34. Dans le cas où le procès verbal portant
saisie des objets prohibés seroit annullé pour
vices de forme, la confiscation desdits objets
sera néanmoins prononcée sans amende, sur les
conclusions du poursuivant ou du procureur
impérial.

La confiscation des objets saisis en contravention sera également prononcée nonobstant
la nullité du procès verbal, si la contravention
se trouve d'ailleurs suffisamment constatée par
l'instruction.

35. Les propriétaires des marchandises seront responsables du fait de leurs facteurs,

---

(1) Voir sur cet article, dans la deuxième partie de
cet ouvrage, ce qui est dit au mot *Appel*.

agens ou domestiques, en ce qui concerne les droits, confiscations, amendes et dépens (1).

36. La confiscation des objets saisis pourra être poursuivie et prononcée contre les conducteurs, sans que la régie soit tenue de mettre en cause les propriétaires, quand même ils lui seroient indiqués ; sauf, si les propriétaires intervenoient, ou étoient appelés par ceux sur lesquels les saisies auroient été faites, à être statué, ainsi que de droit, sur leurs interventions ou réclamations (2).

37. Les condamnations pécuniaires contre plusieurs personnes, pour un même fait de fraude, seront solidaires (3).

38. Les objets, soit saisis par fraude ou contravention, soit confisqués, ne pourront être revendiqués par les propriétaires, ni le prix, soit qu'il soit consigné ou non, réclamé

---

(1) Voir sur cet article, aux mots *Responsabilité quant aux effets civils*, la deuxième partie de cet ouvrage.

(2) Voir sur cet article ce qui est dit à la deuxième partie de cet ouvrage, aux mots *Opposition aux jugemens*.

(3) Voir sur cet article ce qui est dit dans la deuxième partie de cet ouvrage, au mot *Amendes*.

par aucun créancier, même privilégié, sauf leur recours contre les auteurs de la fraude (1).

39. Les juges ne pourront, à peine d'en répondre en leur propre et privé nom, modérer les confiscations et amendes, ni en ordonner l'emploi au préjudice de la régie.

## CHAPITRE VIII.

### De l'Inscription de faux.

40. Celui qui voudra s'inscrire en faux contre un procès verbal, sera tenu d'en faire la déclaration par écrit en personne, ou par un fondé de pouvoir spécial, passé devant notaire, au plus tard à l'audience indiquée par l'assignation à fin de condamnation : il devra, dans les trois jours suivans, faire au greffe dudit tribunal le dépôt des moyens de faux, et des noms et qualités des témoins qu'il voudra faire entendre, le tout à peine de déchéance de l'inscription de faux.

Cette déclaration sera reçue et signée par le

_______________

(1) Voir sur cet article ce qui est dit, dans la deuxième partie de cet ouvrage, sur les mots *Opposition aux jugemens.*

président du tribunal et le greffier, dans le cas où le déclarant ne sauroit écrire ni signer.

41. Le délai pour l'inscription de faux contre le procès verbal ne commencera à courir que du jour de la signification de la sentence, si elle a été rendue par défaut.

42. Les moyens de faux proposés dans le délai et dans la forme réglés par l'art. 41 ci-dessus, par les prévenus, contre les procès verbaux des préposés de la régie des droits réunis, ne seront admis qu'autant qu'ils tendront à justifier les prévenus de la fraude ou des contraventions qui leur seront imputées.

## CHAPITRE IX.

### *Des Contraintes.*

43. La régie pourra employer contre les redevables en retard la voie de contrainte.

44. La contrainte sera décernée par le directeur ou receveur de la régie : elle sera visée et déclarée exécutoire, sans frais, par le juge de paix du canton où le bureau de perception est établi, et pourra être notifiée par les préposés de la régie.

Le juge de paix ne pourra refuser de viser la contrainte pour être exécutée, à peine de

répondre des valeurs pour lesquelles la contrainte aura été décernée.

45. L'exécution de la contrainte ne pourra
être suspendue que par une opposition formée
par le redevable ; l'opposition sera motivée,
et contiendra assignation à jour fixe devant le
tribunal civil de l'arrondissement, avec élection de domicile dans la commune où siége le
tribunal. Le délai pour l'échéance de l'assignation ne pourra excéder huit jours; le tout à
peine de nullité de l'opposition.

## CHAPITRE X.

### *Dispositions générales.*

46. Sont exceptées des dispositions précédentes, les contraventions aux lois sur la taxe
d'entretien des routes et sur les canaux, la
navigation intérieure et les droits des bacs,
lesquelles continueront d'être constatées, poursuivies et jugées suivant les formes prescrites
par la loi du 14 brumaire an 7.

47. La régie aura privilége et préférence à
tous les créanciers sur les meubles et effets
mobiliers des comptables, pour leurs débets,
et sur ceux des redevables, pour les droits, à
l'exception des frais de justice, de ce qui sera

dû pour six mois de loyer seulement, et sauf aussi la revendication dûment formée par les propriétaires des marchandises en nature qui seront encore sous balle et sous corde.

48. Toutes saisies du produit des droits faites entre les mains des proposés de la régie ou dans celles de ses redevables, seront nulles et de nul effet.

49. Dans le cas d'apposition des scellés sur les effets et papiers des comptables, le registre de recette et autres de l'année courante ne seront pas renfermés sous les scellés : lesdits registres seront seulement arrêtés et paraphés par le juge, qui les remettra au préposé chargé de la recette par interim, lequel en demeurera garant, comme dépositaire de justice, et il en sera fait mention dans le procès verbal d'apposition des scellés.

50. La prescription est acquise à la régie contre toutes demandes en restitution des droits et marchandises, paiement d'appointemens, après un délai révolu de deux années. Elle est acquise aux redevables contre la régie, pour les droits que les préposés n'auroient pas réclamés dans l'espace d'un an à compter de l'époque où ils étoient exigibles.

La régie est déchargée de la garde des registres des recettes antérieures de trois années à l'année courante.

51. La force publique sera tenue de prêter assistance aux préposés de la régie dans l'exercice de leurs fonctions.

52. Les redevables sur lesquels auroient été protestées, faute de paiement, des obligations souscrites par eux envers la régie, par suite de crédits obtenus, seront contraignables par corps.

53. Tous commis à la perception des octrois des villes, ayant serment en justice, sont autorisés à rendre leurs procès verbaux de la fraude qu'ils découvrent contre les droits réunis, et de même, les commis de la régie, pour les fraudes qu'ils découvriront *contre les octrois.*

———

## 28 Floréal an 13.

*Arrêté du gouvernement relatif aux amendes en matière de garantie* (1).

### ARTICLE PREMIER.

Les dispositions de l'art. 76 de la loi du

———

(1) Voir sur cet arrêté ce qui est dit dans la deuxième

5 ventôse an 12, concernant les condamnations qui doivent être prononcées contre les
contrevenans aux droits réunis, et celle de
l'arrêté d'organisation de ces droits du 5 germinal de la même année, relatives à la perception du produit des amendes et confiscations,
et à la faculté de transiger sur les procès
verbaux de saisie, ne sont point applicables
aux délits et contraventions concernant la garantie de matières d'or et d'argent, à l'égard
desquels la loi du 19 brumaire an 6, relative à la
surveillance du titre des matières et ouvrages
d'or et d'argent, doit être exécutée, sauf en
ce qui concerne la perception des droits de
garantie qui a été attribuée à la régie des droits
réunis, dont les préposés peuvent néanmoins
eux-mêmes, ou concurremment avec les employés des bureaux de garantie, constater les
délits et contraventions à la loi du 19 brumaire
an 6, et *poursuivre* la *condamnation* des
*peines encourues* (1), en remplissant les for-

---

partie de cet ouvrage au mot *Appel*, sur les formes de la
procédure en matière de garantie.

(1) Cette partie de l'article est expliquée par le
deuxième § de la circulaire de M. le conseiller d'état
directeur général de la régie des droits réunis : il est

malités prescrites par cette loi , et sans qu'il puisse être transigé sur les délits et contraventions.

———

## 28 Messidor an 13.

*ARRÊTÉ relatif à la mise en jugement des employés de la régie des droits réunis.*

### ARTICLE PREMIER.

Le conseiller d'état, directeur général de la régie des droits réunis , pourra désormais autoriser la mise en jugement des préposés qui lui sont subordonnés.

———

## 16 Juin 1806 (1).

*CIRCULAIRE de l'Administration des monnoies , qui ordonne que tous ouvrages d'or et d'argent doivent être marqués avant d'être exposés en vente.*

Les difficultés, Monsieur, qui ont été élevées

———

ordonné aux employés de cette administration de s'abstenir de toutes poursuites judiciaires au nom de la régie dans les affaires de garantie. V. la table.

(1) Voir à ce sujet ce qui a été dit sur l'art. 28 de la loi du 19 brumaire an 6.

par quelques huissiers, notaires et autres officiers ministériels, relativement à l'obligation de faire marquer et acquitter les droits de garantie des ouvrages d'or et d'argent qui se vendent publiquement, *avant* de les *exposer en vente*, nous fournissent l'occasion de vous rappeler les dispositions de la loi du 19 brumaire an 6.

Il résulte des art. 22, 23, 28, 77, 83 et 84, qu'aucun ouvrage d'orfévrerie et de bijouterie ne peut rentrer dans le commerce, ni être vendu publiquement, s'il n'est revêtu des poinçons déterminés par la loi ; en conséquence, nous vous prescrivons de vous transporter dans toutes les ventes publiques qui se font dans votre arrondissement, *quelle qu'en soit* la *cause*, pour y assurer l'exécution de ces dispositions, vérifier si les ouvrages d'or et d'argent qui y sont exposés sont marqués des poinçons voulus par la loi du 19 brumaire an 6, et saisir, s'il y a lieu, tous ceux qui en seroient susceptibles. *Signé* SIVARD.

———

# 9 Août 1806.

*DÉCRET relatif aux formalités pour la mise en jugement des agens du gouvernement* (1).

### ARTICLE PREMIER.

Lorsque, sur la demande d'autorités locales ou des parties, à nous transmise par nos ministres, il écherra d'autoriser ou non la mise en jugement d'aucuns de nos agens inculpés dans l'exercice de leurs fonctions, il y sera pourvu comme avant notre décret du 11 juin 1806, que nous déclarons applicable au cas où la poursuite n'émanera point de nos ordres exprès.

2. Si la demande mentionnée en l'article précédent nous est transmise par notre grand juge, et qu'elle soit dirigée contre un agent ou fonctionnaire étranger à son département, il en donnera avis au ministre du département de l'agent inculpé, en même temps qu'il nous remettra son rapport.

_______________

(1) Relativement à ce décret, il faut voir ce qui est dit dans celui du 28 messidor an 13. V. la table.

3. La disposition de l'art. 75 de l'acte constitutionnel de l'an 8 , ne fait point obstacle à ce que les magistrats chargés de la poursuite des délits informent et recueillent tous les renseignemens relatifs aux délits commis par nos agens dans l'exercice de leurs fonctions : mais il ne peut être, en ce cas , décerné aucun mandat , ni subi aucun interrogatoire juridique , sans l'autorisation préalable du gouvernement.

--------

## 21 Août 1806.

### *Décret portant établissement d'un Bureau de garantie à Genève.*

#### ARTICLE PREMIER.

Il y aura pour le département du Léman un bureau de garantie qui sera établi dans la ville de Genève ; ce bureau sera organisé avant le 1er janvier prochain.

2. Il est accordé à la fabrique d'horlogerie et de bijouterie du département du Léman une exemption du droit de garantie sur tous les ouvrages d'or ou d'argent destinés pour l'étranger.

3. Les ouvrages d'or et d'argent destinés

pour l'étranger, seront soumis au seul droit
d'essai, et devront être aux titres prescrits par
la loi du 19 brumaire an 6. Ils seront dispensés
de poinçonnement, lorsque le fabricant le de-
mandera : dans ce cas, ils seront en sa présence mis sous le cachet du bureau, et le fabricant sera tenu de justifier de leur sortie du
territoire de l'Empire, par un certificat de l'administration des douanes, sous les peines portées par l'art. 80 de la loi précitée.

4. L'exemption du droit de garantie accordée par l'arrêté du 3 vendémiaire an 8 (1)
à l'horlogerie des départemens du Doubs et
du Mont-Terrible, est supprimée. Cette exemption est restreinte aux seuls objets destinés
pour l'étranger, pour l'exportation desquels
les fabricans desdits départemens devront se
conformer à ce qui est prescrit par l'art. 3 du
présent décret.

5. Lorsqu'il sera procédé, en exécution de
notre décret du 11 prairial an 12, à la recense générale des ouvrages d'or et d'argent,
ceux d'horlogerie qui seront trouvés chez les
fabricans de Besançon et du territoire qui

_______________

(1) Voir (à la table) cet arrêté dont cet article et le
suivant réforment le régime.

composoit le département du Mont-Terrible, ainsi que ceux d'orfévrerie, de bijouterie, qui existeront chez les fabricans de Genève à l'époque de cette recense, seront marqués des poinçons E T.

————

## 2 Avril 1807.

*CIRCULAIRE du directeur général des droits réunis, sur le manque des droits aux employés de cette administration de se porter partie civile aux procès en matière de garantie.*

Par une lettre en date du 10 février, S. Exc. le ministre des finances me fait connoître, Monsieur, qu'il regarde comme une mesure irrégulière, que les préposés de la régie interviennent en qualité de partie civile dans les affaires relatives au droit de garantie, et qu'ils doivent se contenter de constater les contraventions en ce genre, dans la forme prescrite par les art. 101, 102 et 103 de la loi du 19 brumaire an 6, et laisser le soin des poursuites au ministère public, qui seul doit instruire la procédure. S. Exc. trouve un inconvénient plus grave encore, à ce que les directeurs proposent des transactions dans des affaires de ce genre, qui, renfermant toujours un délit public, doivent être poursuivies sans délai et punies des peines portées par la loi, sans aucun égard aux circonstances plus ou moins favorables qui, dans d'autres genres de contravention, peuvent déterminer l'administration à transiger avec les prévenus.

D'après cette décision de S. Exc. le ministre, vous voudrez bien, à l'avenir, vous abstenir de toutes poursuites judiciaires au nom de la régie dans les affaires de garantie, et encore plus de proposer des transactions à ce sujet. Les fonctions des préposés de la régie cesseront aussitôt que, par la remise des procès verbaux à MM. les procureurs impériaux, et celle des objets saisis au greffe, le ministère public se trouvera investi de la procédure, et aura les moyens d'en opérer l'instruction : la suite de l'affaire et son résultat ne vous concernent plus.

Je n'ai pas besoin d'ajouter que cette disposition ne doit diminuer en aucune manière les soins et la surveillance des préposés, pour découvrir les contraventions et les constater par des procès verbaux : ils doivent même donner une attention particulière à la rédac-

tion de ces procès verbaux, parce qu'ils diffèrent
de ceux relatifs aux autres perceptions, dans
quelques points que je vais vous rappeler
pour que vous en donniez connoissance à vos
subordonnés.

Conformément à la loi du 19 brumaire an 6,
dont l'exécution est confirmée par le décret
du 28 floréal an 13, les procès verbaux concernant le droit de garantie doivent toujours
être rédigés en présence d'un officier municipal, ou d'un officier de police; ils doivent être
faits sur le lieu même et sans désemparer. Dans
le cas où l'on éprouveroit de la part du contrevenant des violences telles qu'elles empê-
cheroient la rédaction du procès verbal, c'est
à l'officier de police qu'il appartient d'employer
les moyens que la loi met en son pouvoir pour
assurer la tranquillité des préposés verbali-
sans. Les objets de contravention ne doivent,
sous aucun prétexte, être laissés à la garde
du prévenu, ni d'une caution, ni même dans
la maison où ils ont été trouvés; ils doivent
être enfermés sur-le-champ dans une boîte
ou paquet ficelé, et sous les cachets de l'officier
de police, des préposés saisissans et du prévenu : si celui-ci refuse, il sera fait mention
de son refus. Le procès verbal doit contenir

les dires de toutes les parties intéressées, et être signé d'elles, à moins qu'elles ne refusent de le faire, ce qu'on aura soin d'exprimer; les objets saisis seront déposés sans délai, non pas au bureau du receveur de la régie, mais au greffe de la police correctionnelle; le procès verbal, attendu la présence et la signature de l'officier de police, n'a pas besoin d'être affirmé par-devant le juge de paix, et ce procès verbal doit être remis à M. le procureur impérial dans les dix jours de sa date.

Telles sont les règles auxquelles vous aurez soin que les préposés se conforment scrupuleusement.

Il me reste à vous faire connoître les observations de l'administration des monnoies qui ont déterminé la décision de S. Exc. le ministre des finances, afin de vous instruire des motifs de cette décision; elles sont ainsi conçues :

« C'est en maintenant l'exactitude des titres
» des ouvrages d'or et d'argent, que l'on assure
» la perception du droit de marque, et cette
» surveillance nous est exclusivement attri-
» buée; elle s'exerce avec le concours des em-
» ployés des droits réunis. Si l'on trouve dans
» le commerce des objets achevés et non mar-
» qués, c'est un délit qui ne peut concerner

» que le maintien du titre, puisque le fabricant
» s'est soustrait à l'obligation de faire titrer
» ses ouvrages; transiger dans ce cas, pour
» n'avoir pas acquitté le droit, c'est mettre
» en fait ce qui n'est pas même en question :
» car le droit n'est dû que lorsque les ouvrages
» sont à l'un des titres prescrits; lorsqu'ils n'y
» sont pas, ils doivent être brisés. Il est certain
» et démontré par l'expérience, que la fraude
» sur la garantie n'a d'autre objet que l'altéra-
» tion du titre; que tout ce qui n'est pas soumis à
» l'essai n'est pas au titre, et par conséquent que
» celui qui fraude le titre ne fraude pas le droit,
» puisque les ouvrages n'en sont pas suscep-
» tibles : le contrevenant n'a donc pas à sup-
» porter des poursuites relatives au droit ; mais
» il a à supporter les peines qu'il a encourues
» pour avoir trompé le public. Et ceci n'est
» plus une affaire civile : beaucoup de direc-
» teurs des droits réunis paroissent le considérer
» ainsi ; il est convenable de leur faire connoître
» qu'ils se trompent. »

## 11 Janvier 1808.

*Décret qui ordonne la publication en Piémont et Ligurie, Parme et Plaisance, des divers arrêtés, etc.*

### ARTICLE PREMIER.

Les arrêtés du directoire exécutif du 1er messidor an 6 et du 16 prairial an 7 ; le premier, interprétatif de l'art. 86 de la loi du 19 brumaire an 6, sur la garantie des matières d'or et d'argent ; et le second, concernant l'exécution de la déclaration du 26 janvier 1749, d'après laquelle les marchands et fabricans d'ouvrages d'or et d'argent sont tenus d'inscrire sur un registre les objets qui leur sont donnés à raccommoder par des particuliers, seront publiés dans les départemens qui ont été formés du ci-devant Piémont et de l'ancienne Ligurie, et dans les états de Parme et de Plaisance.

## 25 Février 1808.

*Décret relatif à la publication en Pié-
mont, des divers articles de la loi du 19
brumaire an 6.*

### ARTICLE PREMIER.

Les art. 82, 83 et 84, tit. VI, section Ire de
la loi du 19 brumaire an 6, seront publiés et
exécutés dans les nouveaux départemens au-
delà des Alpes, ainsi et de même que les articles
de ladite loi du 19 brumaire, dont la promulgation est ordonnée par notre décret du 28
messidor an 13.

———

## 7 Juillet 1809.

*Décret relatif aux nouveaux poinçons sur
les ouvrages d'or et d'argent.*

### ARTICLE PREMIER.

Les nouveaux poinçons pour la garantie des
matières et ouvrages d'or et d'argent, fabriqués en exécution de la loi du 5 ventôse an 12,
seront employés successivement dans tous les

bureaux de garantie, à compter du 1ᵉʳ septembre 1809.

Dans le délai de deux mois, à compter du jour qui sera fixé par notre ministre des finances, les fabricans et marchands orfévres, et tous autres faisant le commerce d'ouvrages d'or et d'argent, seront tenus de porter au bureau de garantie de leur arrondissement leurs ouvrages neufs d'or et d'argent, pour y mettre sans frais l'empreinte du nouveau poinçon de recense (1).

2. Le nouveau poinçon de recense ne pourra être apposé que sur les ouvrages revêtus des poinçons, des titres, et de garantie ou de recense, qui ont été fabriqués en exécution de la loi du 19 brumaire an 6; ces mêmes poinçons, dont il ne sera plus fait usage, seront renvoyés à l'administration des monnoies, qui les fera briser en sa présence.

3. Les ouvrages d'or et d'argent venant de l'étranger, seront renvoyés pour être marqués du poinçon ET, et payer les droits dans les bureaux de garantie établis à Aix la-Chapelle,

_________________________

(1) On doit voir sur les dispositions de cet article les notes mises à la suite de l'art. 82 de la loi du 19 brumaire an 6.

Alexandrie, Amiens, Arras, Asti, Bayonne, Besançon, Bordeaux, Brest, Bruges, Caen, Carcassonne, Chambéry, Chiavari, Coblentz, Colmar, Cologne, Coni, Digne, Dijon, Dunkerque, Foix, Fontenay, Gap, Gênes, Genève, le Hâvre, la Rochelle, Liége, Lille, Lons-le-Saulnier, Luxembourg, Marseille, Maëstricht, Mayence, Metz, Montbelliard, Montpellier, Nantes, Nice, Parme, Pau, Perpignan, Plaisance, Rouen, Ruremonde, Saint-Brieux, Saint-Lô, Saint-Omer, Saint-Malo, Savone, Spire, Strasbourg, Tarbes, Toulon, Turin, Valogne, Vannes, Verceil, Livourne, Florence, Sienne.

---

## 15 Mai 1810.

*CIRCULAIRE de l'administration des monnoies, relative à l'application du poinçon de vieux.*

1°. Nous sommes informés, Monsieur, que plusieurs contrôleurs se sont trompés sur le sens de l'art. 22 de la loi du 19 brumaire an 6, et des art. 82, 83, et 84, ensorte qu'ils marquent indistinctement du poinçon représentant une *hache*, dit de *vieux*, tous les ouvrages de hazard en or et en argent qui rentrent dans le commerce ; mais ils mettent par-là ces différens articles de la loi en contradiction, et lui donnent une interprétation fausse et absurde qui produit des effets et des conséquences abusives. Nous devons, pour rétablir l'ordre et l'uniformité qu'il est essentiel d'assurer dans le service de la garantie, donner à tous les explications que nous avons déjà données particulièrement à quelques-uns.

Suivant l'art. 22, le poinçon de *vieux* n'est destiné qu'à marquer les ouvrages d'or et d'argent dits de hazard, qui sont marqués des poinçons de titre et de garantie en activité, dans les bureaux pour le service courant, et qui sont remis dans le commerce après avoir été déjà vendus.

Ces ouvrages ne sont assujettis qu'à être marqués une seule fois, et gratis, du poinçon de vieux, ordonné par l'art. 8.

Mais, 1°, les ouvrages vieux, dits de hazard, qui après l'expiration de la recense ne sont pas marqués ; 2° ceux qui sont marqués des poinçons anciens et sont rentrés dans le commerce, sont soumis à l'essai, titrés s'il y a lieu, et assujettis à payer le droit de garantie comme les ouvrages neufs, auxquels ils sont en tout

assimilés : ils doivent conséquemment être marqués des poinçons de titre et de garantie ordinaire du service courant, et non pas du poinçon de vieux, qui doit toujours s'appliquer
gratis : toute autre explication de ces différens
articles de la loi lui seroit contradictoire, et
en rendrait les dispositions inconciliables.

Vous voudrez bien vous conformer à celle
que nous vous donnons.

2°. Nous voyons aussi par les inventaires
qui sont dressés des effets des bureaux de garantie, au moment de l'installation des contrôleurs qui a lieu lors des mutations par décès, avancemens, destitutions ou autre cause,
qu'il se trouve un très-grand désordre dans
l'état de la correspondance des contrôleurs
avec l'administration, en sorte qu'il manque
souvent aux nouveaux contrôleurs des renseignemens essentiels, nécessaires pour la suite
de leur service : pour remédier à ces inconvéniens, et conserver d'une manière assurée tous
les documens qu'il importe de transmettre d'un
contrôleur à celui qui lui succède, pour l'utilité et la facilité de son service, nous vous
enjoignons de tenir un registre de correspondance, ou copie de lettres, à colonne double,
pour y transcrire dans l'une les lettres que

vous nous adresserez, et dans l'autre celles que nous aurions occasion de vous écrire, en regard de celles auxquelles vous répondrez, ou auxquelles nous répondrons; mais cela ne doit pas vous dispenser de conserver dans une liasse la minute de vos lettres, et l'original des nôtres, portant le numéro de l'enregistrement.

3°. Il est un autre objet très-important sur lequel nous avons déjà donné plusieurs fois des ordres exprès par différentes instructions que nous devons rappeler à votre attention, parce que nous sommes instruits que l'exécution en a été souvent négligée dans différens bureaux de garantie par l'insouciance des employés, ou par un excès de confiance inexcusable et abusive; ce sont nos instructions relatives à la tenue des poinçons de titre et de garantie, qui ne doivent jamais servir, conformément à l'art. 55 de la loi du 19 brumaire an 6, qu'en présence des trois employés qui sont chargés des clefs du coffre où les poinçons sont renfermés, sous les peines portées par l'art. 46. Nous renouvelons cet ordre de service qu'il ne faut jamais perdre de vue, et dont on ne doit s'écarter sous aucun prétexte; nous vous enjoignons en conséquence de veiller à ce qu'il soit scrupuleusement suivi, que les poinçons soient renfermés très-exactement aussitôt qu'ils ne servent plus, et que les différentes clefs du coffre ne soient jamais dans les mains et à la disposition d'une seule personne : de cette règle de service établie par la loi même, qu'il n'est pas permis de violer impunément, dépend la sûreté de la garantie, dont chaque employé dépositaire de l'une des clefs est personnellement responsable; nous vous rendrons garans de son exécution.

---

## 2 Août 1810.

*CIRCULAIRE de l'administration des monnoies, relative à l'enregistrement des procès verbaux* (1).

Nous vous prévenons, Monsieur, que, par une décision du 26 décembre 1809, S. Exc. le ministre des finances a chargé l'administration de l'enregistrement, de donner : 1° des ordres pour admettre au *visa* pour *timbre* et à *l'enregistrement en débet* les procès ver-

---

(1) Voir ce qui est dit sur les mots *Enregistrement des procès verbaux*, dans la deuxième partie de cet ouvrage.

baux de contravention à la loi du 19 brumaire an 6, ainsi que les actes et jugemens qui en sont la suite, et les actes du dépôt aux greffes des ouvrages saisis ; 2° pour ne percevoir aucuns droits sur les dépôts aux mêmes greffes, des plaques portant l'empreinte des poinçons destinés à servir de pièces de comparaison : ainsi vous n'aurez plus de difficulté à éprouver à ce sujet.

———

## 1er Octobre 1810.

*CIRCULAIRE de l'administration des monnoies, qui assujettit les fabricans des ouvrages d'or et d'argent, à les faire marquer dans les bureaux de leurs arrondissemens.*

Nous vous rappelons, Monsieur, les dispositions de l'art. 77 de la loi du 19 brumaire an 6, à l'exécution desquelles il est très-intéressant de ramener les orfévres qui s'en écartent. Il en résulte que les marchands et fabricans doivent présenter leurs ouvrages au bureau de leur arrondissement, pour y être essayés, titrés et marqués. Vous ne devez conséquemment admettre dans le vôtre à l'essai et à la marque que les ouvrages d'or et d'argent qui appar-

tiennent à des marchands et des fabricans de
votre arrondissement, et renvoyer sous cachet,
dans les bureaux de leurs établissemens, ceux
que des étrangers ou des commis-voyageurs
vous présenteroient, et même, suivant les circonstances, saisir ceux qui les posséderoient
sans marque.

Vous devez surveiller avec rigueur cette
partie d'ouvrages que l'on fait circuler sans
marque dans les départemens : ceux que les marchands de votre arrondissement achètent et
présentent en cet état à votre bureau, doivent
vous paroître suspects ; il ne suffit pas de les
essayer au *touchau*, il faut, pour s'assurer de
leur titre, en faire fondre quelques pièces pour
essayer le bouton, ou en faire l'essai à la cou-
pelle, ainsi que nous vous l'avons prescrit par
nos circulaires et instructions.

Vous et votre essayeur devez tenir la main
à la stricte exécution de l'art. 48, trop négligée
dans certains bureaux, et exiger en conséquence
que l'on ne reçoive à l'essai, et qu'il ne soit
marqué dans votre bureau aucune pièce d'or
ou d'argent susceptible de l'être, qui ne soit
revêtue de l'empreinte des poinçons du fabricant : cette mesure est de rigueur. Cette marque
est le seul titre de la garantie due à l'acheteur

par le vendeur. Elle doit être appliquée entre autres sur les belières des croix, les plaques de colliers, de bracelets, les chaînes de montres et autres pièces d'or qui peuvent la supporter.

Vous devez vous rappeler aussi le dernier paragraphe de l'art. 82, qui commande expressément d'essayer pour les titres, s'il y a lieu, tous les ouvrages de hasard empreints seulement d'anciens poinçons, et qu'il ne vous est pas permis, comme l'ont pensé quelques contrôleurs et essayeurs, de les faire marquer de confiance sur la foi des anciennes marques, sans leur faire subir l'essai préalable auquel ils sont soumis.

# DEUXIÈME PARTIE.

## DE LA MANIÈRE DE CONSTATER LES CONTRAVENTIONS;

### DU JUGEMENT DES CONTREVENANS, ET DE SON EXÉCUTION.

———

Le titre VIII de la loi du 19 brumaire an 6, traite exclusivement des formes à suivre dans les recherches, saisies et poursuites relatives aux contraventions ; il indique les moyens à prendre pour la recherche des fraudeurs, la manière de constater la fraude et d'en poursuivre la punition.

Mais ces recherches sont susceptibles de tant d'incidens, les procès verbaux présentent souvent tant de moyens de chicane, qu'on ne sauroit trop prémunir les employés contre les difficultés dont l'on cherche toujours à hérisser la procédure la plus simple et la plus concluante.

La deuxième partie de cet ouvrage est destinée au contentieux ; on y trouve traitées, sous diverses qualifications, toutes les ques-

tions que peut présenter une procédure en
matière de garantie, et la solution sur chacune d'elles, appuyée des décisions ministé-
rielles ou administratives, et de l'autorité des
arrêts qui les ont décidées.

## SECTION PREMIÈRE
### *Des Procès verbaux.*

Le procès verbal est sans doute la principale
de toutes les formalités; car c'est de lui que
dépend le sort de la procédure dont il est la
base.

Examinons sa forme, ses effets et la foi qu'il
a en justice; examinons la forme des visites
et des recherches qu'il doit constater; examinons par qui, avec qui, dans quels temps et
en quels lieux ces visites peuvent être faites.
Nous traiterons aussi des obstacles et des oppositions qui peuvent se rencontrer, et de la
manière de les constater.

*Des Visites.* — La loi du 19 brumaire an 6
chargeoit exclusivement les employés de la
garantie, des visites à faire pour la recherche
de la fraude sur les matières d'or ou d'argent;
depuis l'établissement de la régie des droits
réunis, les employés de cette administration

sont appelés à concourir aux exercices propres
à constater les contraventions (1), et *même à
procéder sans l'assistance du receveur ou
du contrôleur de la garantie.*

Cette dernière proposition se trouve jugée
par l'arrêt de la cour de cassation rapporté
ci-après : on y voit décidé en même temps,
que les employés, lorsqu'ils procèdent en matière de garantie, ne sont pas tenus d'affirmer
leurs procès verbaux en justice.

Il s'agissoit d'une contravention en matière
de garantie, constatée par les employés des
droits réunis, au préjudice de Wanroog : celui-
ci fut absous en police correctionnelle ; en
cause d'appel, Wanroog produisit deux moyens
de nullité qu'il avoit déjà opposés en première
instance, pris de ce que, 1°, le receveur de la
garantie n'avoit pas été présent à la visite ;
2°, de ce que le procès verbal n'avoit pas été
affirmé : ce procès verbal fut annullé par arrêt
du 18 mars 1807, à Anvers. Sur le recours en
cassation, la cour, « vu le décret impérial du
» 28 floréal an 13 ; considérant qu'il résulte
» de ce décret, qu'en matière de contravention

_______________

(1) Voir (à la table) l'art. 80 de la loi du 6 ventôse
an 12.

» à la loi du 19 brumaire an 6, relative à la
» garantie des matières d'or et d'argent, les
» procès verbaux peuvent être dressés par les
» préposés des droits réunis, sans l'assistance
» des employés des bureaux de garantie, et
» qu'en cela il a été dérogé à l'art. 101 de la-
» dite loi du mois de brumaire ; qu'il résulte
» également du même décret, que pour la
» validité desdits procès verbaux, les préposés
» de la régie ne doivent remplir d'autres for-
» malités que celles prescrites par la même loi
» du mois de brumaire an 6 , et que cette loi
» n'exigeant pas que les procès verbaux soient
» affirmés, il s'ensuit qu'ils ne sont pas soumis
» à cette formalité, etc. Du 26 janvier 1809. »

Un autre arrêt du 30 mai 1806, rendu en la cause contre Combes, annulla celui de la cour criminelle des Pyrénées-Orientales , qui avoit admis comme moyen de nullité le défaut d'intervention des employés de la garantie dans le procès verbal rédigé au préjudice de celui-ci.

Un autre arrêt de la même cour, du 26 janvier 1809, juge la même question dans les mêmes termes.

*Du serment des Employés.* — Donc, les employés des droits réunis et ceux de la ga-

rantie sont autorisés à la recherche de la fraude
relative aux matières d'or et d'argent ; mais les
uns et les autres doivent avoir serment en justice. ( Loi du 16 août 1792 ; et pour les droits
réunis, décret impérial du 1er germinal an 13,
art. 20. ) L'administration des monnoies , dans
sa circulaire du 1er prairial an 8, recommande
essentiellement la mention de la prestation  de
serment dans les procès verbaux , et cette re-
commandation n'est pas sans motif : une telle
mention peut prévenir des exceptions pénibles
pour l'employé, et toujours désagréables quant
au résultat.

Au surplus, il suffit qu'il conste de la commission de l'employé qu'il a prêté ce serment,
pour convalider les actes auxquels il participe ;
l'absence de la mention de cette formalité sur
les registres du greffe du tribunal, ne préju-
dicie pas. Ce point fut décidé au préjudice de
Charles Delisle, par arrêt de la cour de cassation du 1er avril 1808.

Charles Delisle, exercé, prétendit que le
procès verbal rédigé contre lui étoit nul, en
ce qu'il ne constoit pas au greffe du tribunal
civil, ni à celui de la justice de paix, que les
employés qui avoient procédé eussent serment
en justice. Mais cette prestation de serment

étoit transcrite au dos de la commission de
chacun des employés : la preuve résultoit d'ailleurs des déclarations du juge de paix et du
greffier du tribunal d'arrondissement. Donc les
employés étoient en règle ; ils paroissoient tels
aux yeux du public et à ceux du contribuable ;
la formalité de l'enregistrement au greffe étoit
du fait du greffier, et ne pouvoit être d'aucun
préjudice à l'authenticité du procès verbal :
aussi, par ces motifs, la cour suprême cassa un
arrêt de la cour criminelle de la Haute-Saône,
qui avoit accueilli le moyen de nullité proposé
par Delisle.

*Des Officiers de police.* — L'art. 101 de la
loi du 19 brumaire an 6, oblige les contrôleurs
ou receveurs de la garantie à se faire accompagner, dans leurs visites, d'un officier municipal. Depuis la loi du 22 pluviôse an 8, relative à la division du territoire de l'Empire, cet
officier est suppléé par l'adjoint du maire, ou
par le commissaire de police dans les villes où
il en existe (1).

Cette proposition se trouve résolue irrévocablement par deux arrêts de la cour de cas-

_______________

(1) Voir (à la table) cette loi, pour les parties relatives à ce service.

sation des 23 fructidor an 13 et 8 frimaire an 14.

Dans ce dernier, qui fut rendu au rapport de M. Babille, la cour, entre autres moyens proposés, rejeta celui pris de ce que le procès verbal dont il étoit question n'avoit pas été fait en présence d'un officier municipal, mais bien en celle d'un commissaire de police, attendu que, depuis la loi du 28 pluviôse an 8, les fonctions desdits officiers sont remplies par les commissaires de police dans les villes de cinq mille habitans et au-dessus.

Un troisième arrêt du 19 décembre 1807, rendu par la même cour en matière de garantie, en la cause contre Jourdain, de Namur, explique ce principe d'une manière plus positive. Jourdain fut exercé par le receveur de garantie accompagné d'un commissaire de police ; on saisit une boîte de bijonterie à laquelle ce commissaire mit son cachet : Jourdain disputa sur le mérite de la saisie ; il prétend nullité de l'absence de l'officier municipal : ce moyen fut accueilli en police correctionnelle et par la cour criminelle de Sambre-et-Meuse. La cour, sur le recours en cassation, « consi-
» dérant que la mesure prescrite par l'art. 101
» est essentiellement une mesure de police,

» qui a pour objet la sûreté et la conservation
» des objets précieux sujets à pareilles re-
» cherches; que l'officier municipal n'est in-
» diqué que sous le rapport de ses fonctions
» avec celles de la police, dans les communes
» surtout où il n'existe pas de commissaire
» chargé spécialement de la police, etc.; casse. »

Mais l'absence même de l'officier de police,
indiquée aux art. 101 de la loi du 19 brumaire
an 6, et 83 de celle du 5 ventôse an 12, relativement aux visites à faire par les employés
de la garantie et par ceux des droits réunis,
seroit-elle un motif suffisant d'annuller les procès verbaux rédigés pour établir les contraventions?

Cette question s'est présentée dans une cause
d'entre l'administration des droits réunis et le
sieur Savard. Elle fut décidée par arrêt de la
cour de cassation du 30 juillet 1807, en ces
termes posés au premier considérant : « et at-
» tendu que l'absence d'un officier de police,
» lors des visites que font les préposés aux
» droits réunis ailleurs que chez les débitans,
» ne peut être qu'un motif pour refuser en
» l'état l'ouverture des portes, si ces préposés
» le requièrent, mais non un moyen de nul-
» lité, etc. »

Toute positive que soit cette décision , on ne peut trop recommander néanmoins à MM. les employés, de prévenir le danger de telles exceptions, et de se faire assister régulièrement par un officier de police. Ils se rendroient coupables d'une négligence punissable en éludant l'obligation imposée par les deux articles de loi cités sur ce paragraphe.

*Des Exercices.* Donc, toutes les fois que les employés ont quelque soupçon de fraude , ils doivent se rendre chez les particuliers soumis à leurs exercices (1), ils doivent s'y rendre munis de leurs commissions, et assistés d'un officier de police.

Ils peuvent s'y rendre tous les jours sans distinction. Ce point a été décidé en la cause du sieur Jagù, lequel, assigné en appel un jour de dimanche, fête de Pentecôte, à la requête de M. le procureur général de la cour criminelle du département de la Seine - Inférieure , soutint la nullité de l'acte d'appel, comme signifié un jour férié, et signifié sans nécessité, *puisqu'il restoit encore deux jours utiles*

------

(1) Voir les art. 71 et 101 de la loi de brumaire an 6.

*pour compléter le délai.* Jagû fut démis de ses exceptions par arrêt de la cour de cassation du 27 août 1807 , ainsi conçu : « Attendu que » la loi du 27 thermidor an 6, à laquelle se » rapporte le concordat , excepte formellement » de ses dispositions l'expédition des *affaires* » *criminelles* , et que par ces termes *affaires* » *criminelles*, la loi a nécessairement entendu » non-seulement les affaires criminelles à pour- » suivre par voie de juri , mais encore les af- » faires correctionnelles et de police , etc. »

Cette disposition est d'ailleurs une consé-quence de la loi spéciale du 1er germinal an 13, art. 24, rapportée dans la première partie de cet ouvrage.

Le marchand ou fabricant doit souffrir *qu'on visite chez lui en tous les lieux où la fraude peut être suspectée ;* il n'est pas d'excuse qui l'en dispense. En voici quelques exemples.

Le sieur Richelard fut exercé par les employés des droits réunis ; il étoit absent. Sa femme s'opposa à ce que les employés fissent leurs opérations ; elle motiva son refus sur ce qu'é-tant en procès avec eux relativement à une inscription de faux à leur charge, son mari ne pouvoit les reconnoître en la qualité d'em-ployés jusqu'à ce que le procès fût jugé.

Richelard, traduit en police correctionnelle ensuite du procès verbal rédigé chez lui, soutient qu'étant absent, il étoit étranger à ce qui s'étoit passé lors de la visite des employés ; il trouva grâce devant ce tribunal. En appel, il soutint la même défense ; il ajouta à ses moyens l'exception de suspicion opposée aux employés par son épouse. La cour criminelle infirma le jugement, et condamna Richelard à l'amende, pour refus de souffrir les exercices. Cet arrêt fut confirmé en cassation, sur le fondement que la femme étoit le préposé naturel de son mari, et qu'on n'avoit violé aucune loi en refusant d'admettre la récusation proposée. Arrêt du 11 février 1808.

Cette décision renferme deux points bien essentiels : d'abord elle enseigne qu'il n'est pas de prétexte qui doive empêcher les employés d'agir dans l'intérêt de l'administration, toutes les fois qu'il y a lieu à exercice de leur part ; ensuite elle nous montre la femme comme personne capable pour représenter le mari toutes les fois qu'il s'agit de procéder à des visites et à des recherches en son absence.

*Les circonstances de contravention de la part de la femme en l'absence du mari, soit par le refus de souffrir les exercices, ou de toute autre manière , sont donc une contravention dont le mari est comptable , et pour lesquelles il peut être seul poursuivi.*

Ainsi jugé par arrêt de la cour de cassation du 10 novembre 1809, en la cause de la régie des droits réunis contre Richard , cabaretier.

Il fut fait visite chez Richard par les préposés des droits réunis ; sa femme refusa de se conformer à l'art. 35 de la loi du 24 avril 1806, en ce qu'il porte que les débitans de boissons seront tenus de souffrir les exercices ; il fut fait verbal de ce refus, dont la signification fut faite dans les vingt-quatre heures au domicile du prévenu. Le tribunal correctionnel annulla le procès verbal sous divers motifs : entre autres, parce que la signification eût dû être faite par affiche à la commune ; en ce que la femme eût dû être mise en cause, relativement à son refus d'ouvrir les portes. Ce jugement fut confirmé par la cour criminelle de la Drôme ; mais, sur le recours en cassation , il fut annullé par l'arrêt précité, pour violation de l'art. 26 du décret du 1er germinal an 13.

Une autre question relative à ce paragraphe, et qui n'est pas d'une moindre conséquence que les deux précédentes, se trouve décidée

par arrêt de la même cour du 30 mars 1810 :
il s'agissoit du refus fait par un marchand,
d'ouvrir deux armoires fermées à clef, et dont
on n'avoit pu vérifier le contenu : le jugement
attaqué avoit admis comme excuse, que le marchand n'étoit pas propriétaire des deux armoires ; ce jugement fut annullé.

Ainsi, tout marchand ou fabricant doit se
prêter paisiblement aux exercices des commis ;
il doit leur ouvrir les placards et armoires sur
leur réquisition ; il doit leur représenter les
marchandises ou ouvrages d'or et d'argent,
*même ceux qu'il pourroit avoir dans ses
poches, même vider et retourner lesdites
poches quand il en sera requis :* toute opposition de sa part est un délit. On voit à ce
sujet un arrêt de la cour des aides de Paris,
du 6 février 1777, rendu au préjudice de
Pierre-Nicolas Sommé, marchand orfévre de
la même ville, qui, outre l'amende relative au
fait de contravention, condamne celui-ci en
500 fr. d'amende et confiscation, pour refus,
manque de respect, insultes, etc., constatés au
procès verbal.

C'est le cas d'observer à MM. les employés,
que l'intérêt de la loi veut qu'ils ne s'arrêtent
pas à ces sortes d'exceptions faites seulement

pour éluder les exercices ; ils doivent réclamer
du magistrat qui les accompagne, les moyens
de constater les contraventions ; la moindre
déférence donneroit le temps de soustraire les
objets en fraude.

*Du cas de rebellion.* — Que les marchands
et fabricans ne s'abusent pas, qu'ils sachent
bien que leur opposition aux exercices, le
trouble qu'ils pourroient y apporter par injures ou de toute autre manière, constituent à
leur préjudice un délit de rebellion dans le
sens de l'art. 209 (1) du nouveau Code pénal, dont les conséquences sont extrêmement
graves.

Il y a rebellion lorsqu'il y a refus absolu de

______________

(1) Art. 209. « Toute attaque, toute résistance avec
violence et voies de fait envers les officiers ministériels,
les gardes champêtres ou forestiers, la force publique,
les préposés à la perception des taxes et des contributions, leurs porteurs de contraintes, les préposés des
douanes, les séquestres, les officiers ou agens de la
police administrative ou judiciaire, agissant pour l'exécution des lois, des ordres ou ordonnances de l'autorité publique, des mandats de justice ou jugemens, est
qualifiée, selon les circonstances, crime ou délit de rebellion. »

souffrir les exercices, encore que ce refus ne soit pas accompagné d'injures et mauvais traitemens : ce délit, suffisamment constaté par le procès verbal qui en fait mention, entre dans les attributions du *tribunal correctionnel*, il ne peut se dispenser d'en connoître ; il y auroit violation de la loi, s'il renvoyoit aux tribunaux de simple police sous un prétexte quelconque.

Deux arrêts rendus les 13 février 1807 et 2 juillet 1808 sur des faits de rebellion, décident positivement ce principe. Un précédent, du 5 février de la même année 1808, relatif à des questions de même nature, explique formellement quelle est la foi due aux procès verbaux, relativement aux faits qu'ils énoncent. Il décide aussi, que, même pour le cas de recours au directeur du juri de la part des employés, celui-ci doit renvoyer au tribunal correctionnel : le renvoi qui seroit fait par ce magistrat, ne lieroit pas le tribunal de simple police, qui devoit renvoyer au tribunal correctionnel.

*De la mise en jugement des employés.* — Il est assez ordinaire de voir les contrevenans surpris en fraude, et qui ont donné lieu à constater à leur préjudice, soit des faits de rebellion, soit des faits de contravention, cher-

cher à faire une diversion utile à leur cause, en
portant plainte eux-mêmes contre les employés
exerçans; mais, outre que ces plaintes, toujours
récriminatoires, ne doivent pas arrêter la marche de la procédure en contravention, l'on ne
doit pas perdre de vue qu'il ne peut pas y être
donné cours sans une autorisation préalable.

Cette disposition est puisée dans l'art. 75 des
constitutions de l'an 8 (1), elle a été appliquée
aux employés de la régie des droits réunis, par
décret spécial du 28 messidor an 13 (2). M. le
directeur général de ladite régie a la faculté
d'autoriser la mise en jugement de ses subordonnés.

Nous citerons sur l'application de ce principe, un arrêt de la cour de cassation du 25
février 1808, en la cause Reverdit contre Fré-
tisson, commis à cheval, accusé d'injures graves
dans l'exercice de ses fonctions : il avoit été
condamné en simple police; il n'avoit pas formé
d'exception sur l'irrégularité des poursuites;
mais (dit l'arrêt) « il est évident, de la plainte
» même, qu'il s'agit d'un délit imputé à un
» employé dans l'exercice de ses fonctions;

_______________

(1) Voir (à la table) cet article.
(2) Voir (à la table) ce décret.

13.

» donc il ne pouvoit être mis en jugement sans
» l'autorisation préalable du directeur géné-
» ral. »

Nous avons un autre arrêt de la même
cour, du 12 juin 1809, au procès Genotte,
huissier, contre Rolland, contrôleur des droits
réunis, à Bruges.

Genotte se plaignoit devant le juge de paix
de qualifications injurieuses avancées contre lui
par Rolland. Rolland proposa l'incompétence ;
il soutint que Genotte étoit irrecevable, attendu que le fait dont il s'agissoit résultoit d'un
procès verbal en règle, affirmé et enregistré.
Le juge de paix passa outre, et ordonna la
preuve des faits : par un second jugement de
défaut, il passa à condamnation. La cour, après
avoir ordonné l'apport au greffe du procès
verbal de Rolland, a, par un second arrêt,
annullé ledit jugement. « Attendu qu'il résulte
» du procès verbal rédigé par Jean-Baptiste
» Rolland, contrôleur des droits réunis, as-
» sisté d'un préposé de la régie et d'un com-
» missaire de police, le 12 février 1807, et
» dûment affirmé, que c'est à raison d'un fait
» relatif à l'exercice de ses fonctions que ledit
» Rolland a été poursuivi et condamné, sans

» que ces poursuites eussent été autorisées en
» conformité de la loi. »

*Du Verbal de saisie et contravention.* —
Lorsqu'il y a fraude ou contravention aux lois
de la garantie, dans le sens de la loi du 19 brumaire an 6, et même de l'art. 15 de la déclaration du roi du 26 janvier 1749, il en sera
dressé procès verbal *sans déplacer.*

Cette expression de la loi a donné ouverture
à une question qu'il n'est pas inutile de rappeler ici : il s'agissoit de savoir si, lorsque dans le
cours des visites le négociant qui en est l'objet s'absentoit, le procès verbal commencé
avec lui pouvoit être continué avec son asso-
cié ; la question fut décidée pour l'affirmative,
par arrêt de la conr suprême du 29 mai 1806,
en la cause Nicolino et Ghidella.

Le procès verbal contiendra le nom de toutes
les parties intéressées , et sera signé d'elles ; en
cas de refus, il en sera fait mention : s'il s'agit
d'onvrages dépourvus de marque, ou à faux
titre, ou marqués de faux poinçons, les objets établissant la contravention seront saisis ,
et il sera fait mention de la saisie et de ses
causes.

Toutes ces dispositions sont la conséquence des art. 101 et 102 de la loi du 19 brumaire.

*De l'affirmation des procès verbaux.* — Les procès verbaux relatifs à la garantie sont dispensés de l'affirmation, *même lorsqu'ils sont faits par les employés des droits réunis, sans l'assistance du receveur ou du contrôleur de la garantie.* On a vu ce qui a été rapporté à ce sujet sur le mot *Visites.* On trouve encore plusieurs arrêts positivement relatifs à ce principe. Celui du 2 janvier 1806, en la cause contre Caille et : la cour criminelle d'Ille-et-Vilaine avoit annullé le procès verbal fait par les employés des droits réunis, pour contravention à la garantie, sur le fondement qu'il n'avoit pas été affirmé ; la cour de cassation, « attendu que le décret impérial du 1er germinal » an 13, qui ordonne (art. 25) l'affirmation des » procès verbaux faits par les préposés de la ré- » gie, est étranger aux ouvrages d'or ou d'argent; » et que le décret du 28 floréal suivant (1), uni- » quement relatif à la matière, renvoie, pour » les formes à observer, à la loi du 19 bru-

-----

(1) Voir (à la table) ce décret.

» maire an 6, d'où il suit que l'arrêt attaqué a
» fait une fausse application en déclarant nul
» le procès verbal dont s'agit par défaut d'affir-
» mation ; casse, etc. »

Un autre arrêt du 1er mai 1806 s'exprime
ainsi : « Attendu que le procès verbal rédigé
» par un employé assermenté, assisté d'un of-
» ficier de police, n'est pas dans la classe de
» ceux qui, d'après le décret impérial du 1er
» germinal an 13, doivent être affirmés par
» deux assistans ; d'où il suit que la cour cri-
» minelle de la Meuse a donné une extension
» arbitraire aux dispositions de ce décret, et
» a commis en cela un excès de pouvoir ;
» casse, etc. »

Les mêmes principes se trouvent développés
par l'administration des monnoies dans son
instruction imprimée du 1er prairial an 8, déjà
citée dans la première partie de cet ouvrage.
On y lit ces expressions : « Les procès verbaux
» pour contravention ne sont pas assujettis à
» être affirmés ; cette jurisprudence n'est pas
» nouvelle, et si l'on eût consulté les ancien-
» nes lois et règlemens concernant les *droits*
» *de marque* et *contrôle*, qui est représenté
» aujourd'hui par celui de garantie, on auroit

» vu que, par arrêt du conseil et lettres patentes
» des 22 octobre et 16 novembre 1718, les
» procès verbaux sur cette matière étant at-
» testés par l'officier qui avoit assisté les em-
» ployés, n'étoient pas sujets à être affirmés;
» *qu'ils étoient aussi à l'abri de l'inscrip-*
» *tion de faux* (1). D'ailleurs on ne pourroit
» exiger cette formalité sans faire une injure à
» l'officier qui a assisté à la saisie, et qui, en
» signant le procès verbal, atteste nécessaire-
» ment la vérité de tout ce qu'il contient. »

*De l'enregistrement des procès verbaux.*
— L'art. 68, n° 35, de la loi du 22 frimaire
an 7, assujettit à l'enregistrement tous les
procès verbaux et rapports d'employés, gardes,

---

(1) Il faut voir sur cette dernière partie de la circulaire ce qui est dit au paragraphe de cet ouvrage qui traite
de la loi due aux procès verbaux. Il paroît hors de doute
que ceux en matière de garantie peuvent aussi être attaqués par la voie de faux, par une conséquence de ce
qui est expliqué à l'art. 154 du nouveau Code de procédure criminelle, où l'on voit décidé que cette voie
est ouverte, même contre le contenu aux procès verbaux ou rapports des officiers de police ayant reçu
de la loi le pouvoir de constater les délits et contraventions.

commissaires, sequestres, experts, arpenteurs et agens forestiers ou ruraux. Cette disposition est commune aux procès verbaux en matière de garantie ; le défaut d'enregistrement entraîne l'annullation : ainsi jugé par arrêt de la cour de cassation du 5 décembre 1806, rapporté au bulletin criminel de ladite cour, en l'instance contre le sieur Monnié, orfévre (1).

La nullité exprimée à l'art. 34 de cette loi, par le défaut d'enregistrement dans le délai de quatre jours, peut-elle leur être appliquée ? L'administration des monnoies a pensé que non : elle appuie son sentiment à ce sujet dans cette circulaire du 1er prairial an 8 déjà citée, sur ce que, d'après le n° 9 du § 3 du titre IX de la même loi, tous les actes, procès verbaux et jugemens concernant la police générale, sont textuellement dispensés de l'enregistrement. « Alors il s'agiroit de savoir si les pro-
» cès verbaux qui ont pour objet la sûreté et
» la garantie du titre des ouvrages d'or et
» d'argent mis dans le commerce, doivent être
» considérés comme concernant la police gé-
» nérale, ou seulement de police particulière.

---

(a) Voir le texte de cet arrêt, sur le mot *Nullité*.

» Dans l'un comme dans l'autre cas, il ne sau-
» roit y avoir lieu de prononcer de nullité,
» car elle n'est pas dans la loi. Le § 3 précité
» dit bien que les actes et procès verbaux
» pour fait de police particulière, doivent être
» enregistrés seulement en débet ; il ne pres-
» crit pas de délai fatal, il ne contient pas de
» disposition pénale. »

On sentira aisément la nécessité de prévenir de pareilles difficultés ; l'administration l'a senti elle-même : elle termine ce paragraphe de sa lettre en recommandant aux employés de faire enregistrer en débet (1), dans les quatre jours, les procès verbaux de saisie et de contravention.

*Du scellé et dépôt de pièces.* — Le procès verbal sera remis, dans le délai de dix jours au plus, au procureur impérial près le tribunal de police correctionnelle. Les poinçons, ouvrages et objets saisis seront mis sous le cachet de l'officier de police, des employés présens, et de celui chez qui la saisie aura été faite, pour être déposés sans délai au greffe dudit tribunal.

---

(1) Voir (à la table) en outre la circulaire de l'administration du 2 août 1810.

Ces dispositions sont prescrites par la dernière partie de l'art. 102 et par l'art. 103 de la
loi du 19 brumaire an 6. L'art. 29 du nouveau
Code d'instruction criminelle ordonne aussi la
remise des procès verbaux au procureur impérial.

*De la foi due aux procès verbaux.* — Les
procès verbaux rédigés conformément au prescrit de la loi, font une foi entière en justice ;
nul ne peut être admis, à peine de nullité des
arrêts ou jugemens, à faire preuve par témoins
outre ou contre leur contenu, jusqu'à inscription de faux (1). Ce principe est de règle spéciale pour l'administration des droits réunis,
comme en matière de douanes et d'octroi.

Son application est rappelée dans plusieurs
arrêts de la cour de cassation ; deux de ces
arrêts rendus en l'an 12, le premier à la date
du 7 nivôse, en matière de douanes, l'autre
du 30 messidor, en matière d'octroi, portent
annullation de ceux attaqués, attendu que les
faits qu'ils avoient admis en preuve, tendoient

------

(1) Voir l'annotation mise sur les mots *Affirmation
des procès verbaux.*

à détruire ceux exprimés au procès verbal qui avoit précédé l'instruction.

Mais l'acquiescement qui seroit donné à un jugement qui admettroit une preuve en faits tendant à détruire ceux qui y sont relatés, seroit-il un obstacle à ce qu'on pût être reçu à exciper plus tard de cette disposition de la loi ? Cette question a été décidée affirmativement dans un arrêt rendu par la cour de cassation, en l'an 13, en la cause Vigneron et Binon, brasseurs : l'administration des droits réunis fut déclarée non recevable à revenir contre cet acquiescement.

Aujourd'hui l'art. 154 du Code d'instruction criminelle (1) est trop précis pour qu'une telle

---

(1) Art. 154. « Les contraventions seront prouvées, » soit par procès verbaux ou rapports, soit par té-» moins, à défaut de rapports et procès verbaux, ou à » leur appui.

» Nul ne sera admis, à *peine de nullité*, à *faire* » *preuve par témoins outre ou contre le contenu aux* » *procès verbaux ou rapports des officiers de police* » ayant reçu de la loi le pouvoir de constater les délits » ou les contraventions jusqu'à inscription de faux ; » quant aux procès verbaux et rapports faits par des » agens, préposés ou officiers auxquels la loi n'a pas » accordé le droit d'en être crus jusqu'à inscription de

question puisse se reproduire : il y auroit nullité radicale dans le jugement qui admettroit la
preuve par témoins outre ou contre le contenu à un procès verbal en matière de garantie, parce que les employés chargés de ce service ont reçu, de lois spéciales, le pouvoir
de constater les délits ou les contraventions,
jusqu'à inscription de faux : si quelques tribunaux ordonnoient jamais de telles preuves,
il est du devoir des employés de provoquer
du ministère public le recours contre les décisions qui les auroient ordonnées (1).

Cependant il est essentiel de distinguer les
faits *seulement* qui tendroient à porter atteinte à ceux exprimés au procès verbal : car il
est des cas où plusieurs parties figurant dans
une instance, il peut être ordonné des preuves
relatives seulement à leurs exceptions récipro-
ques. Alors, sans doute, l'appel qui seroit relevé
de ces jugemens interlocutoires, dans l'intérêt

---

» faux, ils pourront être débattus par des preuves con-
» traires, soit écrites, soit testimoniales, si le tribunal
» juge à propos de les admettre. »

(1) On peut voir sur ce genre de nullité les principes
développés dans l'arrêt du 10 avril 1806, sur le mot
*Nullité.*

de la régie, seroit mal fondé, car ils demeurent
sans conséquence à son égard. Nous voyons, à
la date du 28 janvier 1808, un arrêt rendu
par la cour de cassation, en la cause d'entre
les sieur et dame Martin, et Thriolle et Déniau,
qui rejette le pourvoi des droits réunis sur
ce fondement.

*Des Faux*. — Le faux proprement dit, est,
quant à notre espèce, l'action qui peut naître
de la nature des faits rapportés dans les procès-
verbaux de contravention rédigés par les employés, dans l'exercice de leurs fonctions. Il
existe toutes les fois qu'en rédigeant des actes
de leur ministère, ces employés en auront
frauduleusement dénaturé la substance ou les
circonstances ; ou qu'ils auront constaté comme
vrais des faits faux, ou comme avoués, des faits
qui ne l'étoient pas. Cette définition est textuellement posée à l'art. 146 du nouveau Code
pénal (1).

______________

(1) Art. 146. « Sera aussi puni des travaux forcés à
perpétuité tout fonctionnaire ou officier public qui, en
rédigeant des actes de son ministère, en aura frauduleusement dénaturé la substance ou les circonstances,
soit en écrivant des conventions autres que celles qui

La voie de faux est la seule qui puisse être prise pour détruire ce qui est exprimé aux procès verbaux en matière de garantie.

Mais il ne faut pas perdre de vue que les formes pour l'inscription en faux et pour le jugement, telles qu'elles sont tracées au chapitre VIII de la loi du 1er germinal an 13 (1), ne sont pas celles qui doivent être employées.

Cette loi n'a rien changé aux dispositions de celle du 19 brumaire an 6; et, d'après le sens de l'art. 1er du décret impérial du 28 floréal dite année 13, les délits qui y sont relatifs doivent être poursuivis selon les lois en vigueur à l'époque de la publication, comme on le voit décidé en la cause contre le sieur Sègre, rapportée ci-après sur le mot *Appel*, et qui fut jugée sous l'empire de ce décret du 28 floréal.

Donc, c'est le cas de dire que l'instruction et le jugement sur l'action de faux qui pourroit être intentée contre les procès verbaux en matière de garantie, doivent être suivis selon les

---

auroient été tracées ou dictées par les parties, soit en constatant comme vrais des faits faux, ou comme avoués des faits qui ne l'étoient pas. »

(1) Voir ( à la table ) cette loi.

formes indiquées par le dernier Code d'instruction criminelle, qui est la loi commune qui
remplace celle de brumaire an 4, sous l'empire
de laquelle fut publiée la loi sur la garantie.

Cette distinction paroîtra peut-être étrange
à quelques personnes, si l'on considère surtout
que les exercices relatifs à la garantie, partici-
pent aussi des droits réunis, par la confusion
des produits et par la coopération des employés
de cette administration dans la rédaction des
procès verbaux. M. Bourguignon, dans son
Manuel de la procédure criminelle, n'a fait
aucune distinction à ce sujet; il s'est même
autorisé d'une décision du conseil d'état du
12 mai 1807, rendue en matière de droits d'enregistrement, pour démontrer l'utilité dont il
peut être pour les causes intéressant le gouvernement, que la forme de la procédure soit
simplifiée par des lois spéciales.

Mais la décision de la cour souveraine indiquée ci-dessus est précise : il n'est plus permis
d'établir un doute raisonnable à ce sujet; il
est évident que le législateur n'a pas voulu
comprendre les poursuites des délits relatifs à
la garantie dans les formes spéciales : il les a
mises par son silence dans l'ordre des délits
ordinaires.

Le motif qui les excepte de cette distinction presque généralement adoptée pour la poursuite de toutes les causes qui intéressent le gouvernement, ne peut être pris que de ce que les délits en matière de garantie intéressent plus particulièrement la société, et que le droit de fisc y est considéré comme la partie la moins essentielle.

Cependant, en ce qui touche à la pertinence des faits proposés pour établir le faux, il faut suivre nécessairement les règles tracées par l'art. 42 du décret du 1er germinal an 13 : car, encore que celui du 28 floréal en ait modifié les dispositions en déclarant qu'il n'est pas applicable aux délits et contraventions concernant la garantie, en ce *qui touche la répartition des amendes et confiscations, la faculté de transiger sur les procès verbaux de saisie et la poursuite de ces délits*, il n'en a pas moins maintenu l'application des dispositions de ce décret, qui par leur généralité peuvent les comprendre. Telle est la doctrine posée aux considérans de l'arrêt rendu en la cause contre Monnié, orfévre, rapporté ci-après sur le mot *Nullité*. La cour souveraine, par ces motifs, cassa celui de la cour criminelle du département du Gers, qui, en

14

annullant un procès verbal de saisie fait au préjudice de ce négociant, refusa de prononcer en même temps la confiscation de l'objet en contravention, quoiqu'elle soit positivement ordonnée par l'art. 34 de ce décret du 1er germinal an 13.

Donc, conformément à ce qui est dit à cet art. 42, les moyens de faux ne seront admis qu'autant qu'ils tendront à justifier les prévenus de la fraude ou des contraventions qui leur sont imputées : la cour de cassation, fidèle à ce principe, annulla constamment les arrêts soumis à sa censure, comme contenant des dispositions contraires.

En la cause Beichler contre l'administration des droits réunis, celui-ci déclara à l'audience s'inscrire en faux contre le procès verbal qui constatoit son délit. De ce procès verbal il résultoit que Beichler avoit dans ses caves une quantité de boissons excédant celles établies sur son portatif : sommé de présenter les congés pour les parties excédantes, il déclare qu'il n'en a point.

Pour appuyer son inscription de faux, Beichler soutenoit, qu'on avoit faussement énoncé qu'il a été procédé au jaugeage ; qu'il est faux qu'on ait trouvé chez lui les quantités, et même qu'on lui ait déclaré saisie.

La régie, après avoir débattu sur les moyens de l'accusé, s'appuya essentiellement sur l'obligation où étoit celui-ci de prouver qu'il n'y avoit pas eu contravention. Cependant les moyens de faux furent admis par le tribunal correctionnel, qui ordonna la preuve des faits. Son jugement fut confirmé par la cour criminelle du Pas-de-Calais; mais ces décisions furent annullées par arrêt du 19 janvier 1809, pour contravention à l'arrêté du gouvernement du 4 complémentaire an 11, dont les dispositions générales ont pour base l'art. 536 du Code de brumaire an 4, des délits et des peines.

Un autre arrêt du 24 mars de la même année, rendu en matière forestière, et relatif à la même question, s'exprime en ces termes : « Attendu » que l'inscription de faux contre un procès » verbal de contravention ou de délit, ne peut » acquérir une influence légale sur le sort du » procès verbal que dans le cas où les faits » qui servent de base à cette inscription pour- » roient, s'ils étoient prouvés, détruire l'exis- » tence de la contravention ou du délit; que » dès lors, c'est dans ces cas seulement que

» l'inscription en faux peut être admise, et que
» son admission a l'effet de suspendre le cours
» des poursuites correctionnelles sur la contra-
» vention ou le délit constaté par le procès
» verbal argué de faux; qu'il suit de-là que les
» faits et les moyens de faux doivent être
» proposés devant le tribunal saisi de l'action
» principale résultante du procès verbal, et
» qu'ils doivent être jugés par lui : car l'ins-
» cription en faux étant ici une exception à
» l'action qui naît du procès verbal, le juge
» de l'action devient nécessairement juge de
» l'exception, sinon quant à l'instruction et
» à la preuve de faux, du moins relativement
» à la pertinence des faits, et à leur admission
» préliminaire; que ce n'est qu'après le juge-
» ment des faits et moyens de faux, et lorsqu'ils
» ont été reconnus pertinens et admissibles, qu'il
» peut y avoir lieu à l'exécution de l'art. 536
» de la loi de brumaire an 4; que les délais
» et les formes nécessaires pour parvenir au
» jugement préliminaire sur la pertinence des
» moyens de faux, n'étant pas déterminés par
» ladite loi du 3 brumaire an 4, les parties et les
» tribunaux doivent se conformer sur ce point
» aux dispositions de l'art. 27 et suivant du
» titre II de l'ordonnance de juillet 1737, re-

» produites par l'art. 229 et suivans du Code
» de procédure civile (1). La cour, etc. »

Cet arrêt est conforme à ce qui est énoncé
dans le précédent sur la pertinence des faits
proposés pour prouver le faux des procès
verbaux qui constatent les contraventions; il
trace les règles de compétence, et quelques
points de forme sur les procédures de ce genre,
tels qu'on les voit reproduits dans le nouveau
Code d'instruction criminelle; celui rendu par
la même cour en la cause Ledru contre l'administration des droits réunis, rapporté par
M. le comte Merlin, dans ses Questions de
droits, aux mots *Inscription de faux*, § II,
contient aussi des développemens très-utiles
sur cette partie de la procédure.

Ledru, frappé par un procès verbal des employés des droits réunis, s'étoit inscrit en faux.
Le tribunal correctionnel jugea les moyens
pertinens, il en admit la preuve; mais, par son
jugement, il ordonna que les témoins seroient
assignés pour être entendus à l'audience sui-

_______________

(1) Aujourd'hui le nouveau Code d'instruction criminelle a suppléé à ce qui manquoit à la loi du 3 brumaire an 4, relativement à la forme des poursuites sur
le faux principal et incident : cette forme est tracée
dans le chap. 1er du tit. IV au liv. II dudit Code.

vante. Ce jugement étoit irrégulier ; cependant
il fut confirmé par la cour criminelle du Calvados : l'arrêt de confirmation ayant été dénoncé
à la cour de cassation, il fut annullé, sur le
fondement des art. 9 de l'arrêté du 4 complémentaire an 11 , et 239 et 240 du Code de procédure civile , « et attendu qu'il résulte de ces
» articles, que le tribunal correctionnel séant
» à Caen , n'étoit autorisé qu'à statuer sur la
» simple admission de l'inscription de faux
» contre le procès verbal des préposés de la
» régie des droits réunis , et que les moyens
» de faux proposés par le sieur Ledru contre
» le procès verbal du 28 août 1807 , ayant été
» jugé pertinens, le tribunal devoit surseoir
» au jugement de la contravention , et ren-
» voyer l'affaire sur le faux devant les auto-
» rités exclusivement compétentes pour con-
» noître du délit ; que par conséquent il y a
» eu, de la part de ce tribunal, excès de pouvoir
» et violation des règles de compétence , en
» ordonnant par son jugement du 2 octobre
» 1807 , que les témoins seroient assignés
» pour venir à l'audience prochaine ; excès de
» pouvoir et violation que la cour de justice
» criminelle du département du Calvados s'est
» rendus propres en confirmant purement et

» simplement le jugement du tribunal correc-
» tionnel par son arrêt du 12 mai dernier ; etc.»

## SECTION II.

### *Des poursuites sur les procès verbaux.*

*Par qui doivent être faites.* — Nous avons
vu sur le mot *Visites*, que les employés des
droits réunis sont aussi appelés à constater les
délits et contraventions en matière de garantie ;
ils le peuvent avec ou sans l'intervention du
contrôleur ou du receveur de la garantie ; mais
ils doivent se conformer, pour tout ce qui est
relatif aux délits de ce genre, au prescrit de la
loi du 19 brumaire an 6.

Toutes les fois qu'il est question de saisies
ou contraventions qui intéressent le titre ou
la marque des matières d'or et d'argent, les
employés des droits réunis doivent déposer au
greffe du tribunal correctionnel les objets saisis,
mis sous les cachets de l'officier de police , du
saisi et des employés saisissans ; ils doivent aussi
remettre le procès verbal au procureur impérial
près ledit tribunal : c'est ce magistrat qui
demeure chargé des poursuites (1).

_______________

(1) On peut voir à ce sujet les art. 102 et 103 de la
loi du 19 brumaire an 6, et les notes.

Cette formalité remplie, les employés n'ont plus à s'ingérer dans les poursuites : on voit à ce sujet une décision du ministre des finances, du 10 février 1807, rappelée dans la circulaire de M. le directeur général des droits réunis, du 2 avril même année (1), qui porte que « les préposés de la régie n'interviendront » plus en qualité de parties civiles dans les » affaires relatives au droit de garantie ; ils se » borneront à constater les contraventions » dans la forme prescrite par la loi du 19 bru- » maire an 6 ; les directeurs (y est-il dit encore) » ne proposeront point de transactions dans » les affaires de ce genre. »

Il faut cependant faire attention que la première partie de cette décision purement limitative, et relative aux attributions respectives des employés, n'est pas tellement obligatoire, qu'elle puisse être pour les tribunaux un motif d'annullation pour le cas d'ingérence de la part des préposés des droits réunis.

Un arrêt de la cour de cassation du 22 mai de la même année, a annullé celui rendu précédemment par la cour criminelle du département de la Stura, en ce qu'il avoit rejeté un

(1) Voir ( à la table ) cette circulaire.

appel relevé par la régie des droits réunis, en matière de garantie. Il fut déclaré que l'arrèt attaqué étoit contrevenu aux art. 102 de la loi du 19 brumaire an 6, 31 du décret impérial du 1er germinal an 13, et à celui du 28 floréal suivant, en rejetant l'appel interjeté par la régie, sous le prétexte qu'elle n'avoit pas droit de poursuivre en son nom les contraventions.

*Des Transactions.* — La poursuite sur ce genre de délit est d'intérêt public; on ne peut transiger sur les procès verbaux en matière de garantie : on voit ce qui est dit à ce sujet dans la loi du 28 floréal an 13, et dans la circulaire de M. le directeur général de la régie des droits réunis, du 2 avril 1807, rapportés dans la première partie de cet ouvrage.

Ce principe a donné ouverture à une question importante, qui a été décidée en conseil général d'administration le 31 octobre 1808, en faveur du sieur Lataste : il s'agissoit de savoir si un fabricant ou négociant pris en contravention du droit de garantie, qui, pour se sauver du préjudice que peut lui porter la publicité d'un jugement en matière correctionnelle, se soumet volontairement à toutes les condamnations civiles qui pourroient résulter de la contravention , ne fait pas en cela une transaction dans le cas de la prohibition : le conseil a pensé que ce n'étoit pas transiger , dans l'acception du mot.

En droit , une telle décision seroit susceptible de bien des réflexions ; elles deviennent surabondantes, puisque l'administration a prononcé, et que le ministère public n'a pas réclamé dans l'intérêt de la loi ; mais l'on ne peut se dispenser d'observer que cet avis porte un caractère d'indulgence dont on doit chercher la cause dans des considérations particulières dépendantes du fait même. MM. les fabricans et négocians , loin d'en induire des conséquences propres à la tolérance , doivent au contraire se tenir plus en règle pour se rendre dignes d'une telle faveur, dans le cas où une simple erreur ou une négligence excusable les mettroit dans la nécessité de la solliciter ; d'autant plus que l'administration des monnoies conteste et rejette cette doctrine , comme contraire au texte formel du décret du 28 floréal an 13.

*Des délais pour les poursuites.* — L'art. 102 de la loi du 19 brumaire an 6 , porte que le procureur impérial près le tribunal de police correctionnelle , demeure chargé de faire la poursuite dans le délai d'une décade ; mais il ne faut pas croire que ce délai soit tellement péremptoire, qu'il exclue la faculté de la faire plus tard quand l'instance n'a pas été introduite dans les dix jours.

La question se trouve résolue en sens contraire, en matière de droits réunis, en la cause de la régie contre Schumacher. La cour de cassation, par arrêt du mois de brumaire an 14, décida que cette disposition, qui est aussi reproduite à l'art. 28 du décret impérial du 1er germinal an 13, étoit seulement invitative.

C'est donc au procureur impérial près les tribunaux de police correctionnelle, à faire les poursuites sur les procès verbaux de contravention en matière de garantie ; il doit les faire autant que possible, dans le délai de dix jours, et provoquer la condamnation des délinquans.

Il est une foule d'incidens qui se présentent, et dont les prévenus ne manquent pas de tirer parti pour arrêter ou suspendre le cours de la justice : tels sont, par exemple, les nullités des procès verbaux, les erreurs, les oppositions des tiers intéressés, les appels, etc., etc. Nous traiterons ces sortes d'exceptions chacune en son lieu ; nous traiterons aussi des délais sur les oppositions et sur les appels, du cas de

décès de l'accusé, et de quelques autres circonstances qui peuvent se présenter dans le
cours de la procédure.

*Des Nullités.* — Examinons d'abord le cas
de nullité des procès verbaux.

La forme de ces actes en matière de garantie
est expliquée au titre 8 de la loi du 19 brumaire an 6 ; cette loi est la seule qui doive faire
règle absolue à leur égard, comme on le voit
expressément expliqué dans celle du 28 floréal
an 13, et dans la lettre de M. le directeur
général du 2 avril 1807. Cependant, toutes
simples que soient les formes indiquées, il ar-
rive trop souvent que, par négligence ou ignorance de la part des préposés, ces actes essentiels sont entachés de vices qui en déterminent
l'annullation : alors sans doute les tribunaux
ne peuvent pas se dispenser de les frapper de
leur censure.

Mais lorsque cette nullité est déclarée, ce
n'est pas un motif d'absolution pour le délinquant, toutes les fois qu'il s'agit d'un délit ma-
tériel, dont les pièces de conviction sont contre
lui le témoin irréprochable de sa culpabilité ;
les juges doivent annuller le procès verbal
lorsqu'il n'est pas conforme à la loi. Mais alors

ils ne peuvent se dispenser d'appliquer l'art. 34 du décret impérial du 1er germinal an 13 ; ils doivent prononcer la confiscation sans amende des objets saisis en contravention , si cette contravention est d'ailleurs suffisamment constatée par l'instruction : *cette confiscation sera requise dans les conclusions du procureur impérial.*

Ce principe a été trop souvent méconnu ; mais la cour de cassation a annullé les décisions qui s'en écartent, toutes les fois qu'elles lui ont été dénoncées.

En la cause contre le sieur Monnié, orfévre, décidée par arrêt du 5 décembre 1806, il s'agissoit d'une saisie de matières d'or et d'argent, pour défaut de poinçon : ce procès verbal fait par les employés de la régie des droits réunis n'avoit pas été enregistré, conformément au prescrit en l'art. 68 , n° 35 de la loi du 22 frimaire an 7 (1) ; il fut annullé tant en première

_______________

(1) Cette partie de l'art. 68 assujettit au droit fixe de 1 fr. d'enregistrement les procès verbaux et rapports des employés , etc.

L'art. 20 dit que cet enregistrement doit être fait dans le délai de quatre jours de la date desdits actes.

L'art. 34 déclare nul le procès verbal non enregistré dans ledit délai.

instance qu'en appel; mais, au lieu de prononcer la confiscation, puisque Monnié ne dénioit pas que les boîtes de montres saisies étoient dépourvues de poinçon, il fut dit, par arrêt de la cour criminelle du département du Gers, du 21 juin 1806, que le procès verbal étant nul, il n'y avoit plus aucune preuve de la contravention.

Sur ce, la cour de cassation, ouï le rapport de M. Babille, « vu l'art. 34 du décret
» impérial du 1er germinal an 13, et attendu
» que, d'après les différentes lois sur l'organi-
» sation de l'administration des droits réunis,
» la perception des droits de garantie des ma-
» tières d'or et d'argent est dans les attribu-
» tions de cette administration ; que les délits
» sur les lois relatives à la garantie de ces ma-
» tières, rentrent donc nécessairement dans
» l'application des lois qui ont été faites pour
» l'exercice de ces attributions, et par consé-
» quent du décret du 1er germinal an 13,
» d'autant mieux que ces droits de garantie
» ne sont pas compris dans l'exception établie
» en l'art. 46 de ce décret; attendu que si,
» relativement aux contraventions concer-
» nant les droits de garantie, le décret impé-
» rial du 28 floréal an 13 a modifié l'arrêté
» du 1er germinal an 13, en déclarant que les

» dispositions de cet arrêté relatives à la ré-
» partition du produit des amendes et des con-
» fiscations, ainsi que la faculté de transiger
» sur les procès verbaux de saisie, ne sont
» point applicables aux délits et contraven-
» tions concernant la garantie des matières
» d'or et d'argent, et que ces délits doivent
» être constatés et poursuivis, d'après les formes
» prescrites par la loi du 19 brumaire an 6,
» ces modifications, limitées à des objets parti-
» culiers, confirment et maintiennent l'appli-
» cation qui doit toujours être faite aux con-
» traventions de la garantie des matières d'or
» et d'argent, des autres dispositions du décret
» du 1er germinal, qui par leur généralité
» peuvent les comprendre ; que ces contra-
» ventions sont donc ainsi demeurées particu-
» lièrement sous l'empire de la disposition du
» dit art. 34 ci dessus transcrit, qui, en ordon-
» nant la confiscation dans les cas y exprimés,
» établit une mesure d'intérêt public : attendu
» que, dans l'espèce jugée le 21 juin, dernier
» par la cour de justice criminelle du départe-
» ment du Gers, la saisie avoit frappé sur des
» matières d'or et d'argent non empreintes
» du poinçon conformément à la loi, ce qui
» n'étoit pas contesté par l'intervenant ; que la

» confiscation en devoit donc être prononcée,
» nonobstant la nullité du procès verbal de
» saisie pour vice de forme, et qu'en refusant
» cette confiscation sous prétexte de cette nul-
» lité, cette cour de justice a violé la disposi-
» tion de cet art. 34 du décret du 1er germinal
» an 13; par ces motifs, etc. »

Un autre arrêt de la même cour, du 22 mai suivant, en la cause contre Lacoudraie, orfévre, consacre le même principe. Il s'agissoit d'une saisie d'objets non poinçonnés : il fut décidé que la cour criminelle du Calvados avoit fait une juste application de l'art. 101 de la loi du 19 brumaire an 6, en annullant le procès verbal, qui *n'avoit pas été fait en présence d'un officier municipal* (1); mais elle étoit contrevenue à l'art. 34 du décret du 1er germinal an 13, en refusant de prononcer la confiscation des objets saisis qui étoient reconnus et constatés par l'instruction être dépourvus des poinçons de la garantie. Aussi par ces motifs, son arrêt fut cassé.

Les exceptions de nullité prises des vices des

_______________

(1) Voir ce qui est rapporté aux mots *Officiers de police.*

procès verbaux, ne sont pas du nombre de celles qui ne sont admises que tout autant qu'elles sont proposées *in limine litis* ; ce sont des nullités radicales qui peuvent être proposées en tout état de cause : c'est ainsi que l'a décidé la cour de cassation dans un arrêt du 10 avril 1807. Il s'agissoit de savoir si l'on pouvoit admettre en appel un moyen de nullité qui n'avoit pas été proposé en première instance ; la cour jugea pour l'affirmative, sur le fondement que les nullités de forme proposées contre un procès verbal, ne sont pas de simples nullités d'exceptions dans le sens de celles exprimées à l'art. 173 du Code de procédure civile, mais qu'elles sont au contraire des exceptions péremptoires qui frappent le titre même de l'action.

*Du Jugement.* — De ce qui est dit ci-dessus, il résulte clairement que le délinquant contre lequel le magistrat a acquis des preuves incontestables de culpabilité, ne peut, sous aucun prétexte, échapper à l'application de la peine relative au délit. Les exceptions de nullité ne peuvent lui profiter que pour les amendes (art. 34 du décret du 1er germinal an 13) ; mais l'on

doit toujours ordonner la confiscation des objets saisis.

Il est aussi d'autres peines relatives aux différens cas et aux diverses espèces de contraventions ; elles sont expliquées dans la loi du 19
brumaire an 6. Comme ces peines sont dans
l'intérêt de la vindicte publique, elles sortent
des attributions des employés, à qui cet ouvrage est essentiellement destiné ; nous nous
dispenserons donc de traiter ici de leur application.

*Du décès de l'accusé.* — Il est d'autres
incidens, comme nous l'avons déjà observé,
qui se présentent quelquefois dans le cours de
la procédure, et qui peuvent en suspendre la
marche, ou arrêter l'exécution des jugemens
déjà rendus : de ce nombre, nous mettrons le
cas de décès de l'accusé.

Il est de principe incontestable que la mort
suspend l'effet des condamnations personnelles ;
mais, dans le cas de saisie d'effets en contravention, doit-on prononcer néanmoins la confiscation ?

Telle est la question qui a été agitée au conseil général d'administration des droits réunis,
et qui est rapportée au Mémorial imprimé par

cette administration, comme décidée le 31 octobre 1808.

Il avoit été fait saisie d'un bijou en contravention aux règles sur la garantie, au préjudice du sieur Jouet, fabricant d'orfévrerie. Celui-ci mourut pendant le cours du procès. Le tribunal correctionnel ordonna que l'objet saisi seroit remis à ses héritiers, après avoir été marqué : il se fonda sur ce que les délits sont personnels, et que la peine est éteinte par la mort du délinquant. Or, dit ce tribunal dans les considérans de son jugement, comme la peine consiste non-seulement en l'amende, mais encore en la confiscation, ce seroit scinder la peine, qui est indivisible, que de laisser subsister la confiscation, lorsque l'amende est éteinte.

Le conseil, délibérant sur cette question, fut d'avis que ce raisonnement n'étoit pas exact, puisqu'aux termes du décret du 1er germinal an 13, toutes les fois que la contravention est constatée, le jugement doit ordonner la confiscation : il rappelle très-judicieusement dans sa décision, que la loi du 5 ventôse an 12 ne dit pas que les contrevenans seront punis d'une confiscation, d'une amende, mais qu'elle porte, art. 76.... *les objets de fraude seront saisis et confisqués*, et les contrevenans condamnés

à une amende; il tire des inductions très-natu-
relles des termes des art. 67 et 107 de la loi du
19 brumaire an 6, où l'on voit comme règle
distincte des peines à infliger aux contrevenans,
la confiscation de l'ouvrage comme dépendante
du cas de contravention, et pouvant même avoir
lieu dans le cas où le contrevenant seroit in-
connu.

Cette décision du conseil est conforme à la
jurisprudence des arrêts. Le Répertoire précieux de M. le comte Merlin, sur le mot
*Amende*, § 5, et sur le mot *Délit*, § 9 et 10,
contient plusieurs décisions très-lumineuses
sur ce point qui se rapportent au même principe. Ce savant magistrat établit une distinction pour le cas où le contrevenant auroit passé
avant son décès une soumission de payer l'a-
mende; ou bien si la condamnation à l'amende
avoit été prononcée avant d'avoir attaqué le jugement, et après les délais de droit : dans ces
divers cas, dit-il, l'amende pourroit être exigée
de l'héritier. Il cite à l'appui de son opinion à
ce sujet divers arrêts rendus par la cour de
cassation.

M. Bourguignon, dans son Manuel, sur
l'art. 2 du Code d'instruction criminelle, cite
ces mêmes arrêts. Il ajoute qu'il faut suivre

les mêmes règles en matière de garantie et de droits réunis; il établit à ce sujet plusieurs hypothèses, dont l'analogie se rattache aux principes développés dans ce paragraphe.

*Des Erreurs.* — Un autre genre d'exception qui, relativement au principe, puise sa source dans les mêmes autorités dont s'est appuyé le conseil général d'administration dans sa décision, c'est le cas où un marchand ou fabricant saisi en contravention prend un faux nom et disparoît; l'effet d'une déclaration mensongère peut ôter les moyens d'appliquer utilement la peine que la loi prononce. La marchandise en contravention demeure, la confiscation en doit être prononcée; mais le déclarant a disparu, sa fausse déclaration expose d'abord à la perte de l'amende; elle compromet aussi l'administration dans une action en dommages et intérêts qui peut être poursuivie par la personne faussement désignée.

Dans ce cas, peut-il y avoir lieu à prononcer les dommages et intérêts? Telle est la question qui s'est présentée en la cause d'entre la régie des droits réunis et le nommé Décomble, en l'espèce suivante.

Le 22 décembre 1808, les préposés saisirent

deux barils de liquide sur un quidam qui se
qualifie Nicolas Décomble, débitant d'eau-de-
vie à Belliancourt : ce quidam disparoît pendant la rédaction du procès verbal, laissant le
baril. Instance contre Décomble ; celui-ci comparoît : il déclare qu'il est manouvrier, qu'il
ne colportoit ni eau-de-vie ni boissons ; il
prouve qu'il avoit battu en grange pendant toute
la journée du 22. La cause est continuée à jour
indiqué ; il est ordonné à Décomble et aux employés rédacteurs du procès-verbal, de compa-
roître pour reconnoître celui-ci. Au jour indiqué, les employés ne paroissent pas ; jugement
qui autorise la vente de la marchandise, et
renvoie Décomble de la demande formée contre
lui personnellement avec frais, et condamne en
outre la régie à 20 francs de dommages et intérêts à son égard, pour lui tenir lieu de ses
frais de voyage et de déplacement.

Le jugement fut confirmé par la cour criminelle du département de la Marne; mais la cour
de cassation l'annulla, sur le fondement que
l'art. 29 du décret du 1er germinal an 13 étoit
le seul applicable à l'espèce, et que l'indemnité
dont il y est mention, est limitée au cas où il
est décidé que la saisie n'est pas fondée.

Cet arrêt, quoique relatif à un fait étranger

à la garantie, n'en établit pas moins un point de jurisprudence pour le cas d'identité d'exception en matière de contravention aux lois sur la marque : il est certain que les employés exerçant pour la garantie devant être accompagnés d'un officier de police, cet officier a le moyen de prévenir les fausses déclarations, en réclamant les passeports et certificats des marchands forains qui ne sont pas positivement connus ; mais, comme il est possible que la prévoyance de l'officier de police demeurât en défaut, il n'étoit pas hors de propos de placer ici une décision aussi positive.

*Du Recélé.* — S'il est des cas où l'absence du vrai délinquant est un obstacle à l'application des dispositions pénales indiquées par la loi du 19 brumaire an 6, il en est aussi d'autres où la personne qui en est trouvée nantie est passible de ces peines, au moins quant aux amendes qu'elle prononce, quoiqu'il ne soit pas prouvé qu'elles lui appartiennent.

On peut dire, par exemple, que celui qui est convaincu d'avoir soustrait sciemment des marchandises en fraude aux yeux des employés, qui en est trouvé nanti ensuite de recherches faites chez lui, lorsqu'il avoit dénié de les avoir, est coupable de recèlement ; il demeure en ce cas comptable des peines encourues par le vrai propriétaire : cette conséquence est puisée dans l'arrêt rendu en matière de douanes le 7 floréal de l'an 12, en la cause contre le sieur Napp. Dans une recherche faite chez ce particulier, on trouva cachée sous les matelas une partie de marchandises anglaises, qu'il soutenoit ne pas y savoir : il fut déclaré comptable de l'amende.

Une telle décision est d'ailleurs conforme aux principes de droit ancien ; elle est appuyée aujourd'hui par ce qu'on voit exprimé au § 3 de l'art. 60 (1) du dernier Code pénal.

La loi désigne comme complice d'une action qualifiée crime ou délit, celui qui aura, avec connoissance, aidé ou assisté l'auteur de l'action dans les faits qui l'auront facilitée : il n'y a aucun doute que celui qui recèle un objet qu'il sait être en contravention, commet une action répressible dans le sens de cet article.

_______

(1) Art. 60. « Seront punis comme complices d'une action qualifiée crime ou délit, ceux qui, etc. ;

» Ceux qui auront, avec connoissance, aidé ou assisté l'auteur, ou les auteurs de l'action, dans les faits qui l'auront préparée ou facilitée, ou dans ceux qui l'auront consommée, etc. »

*De la responsabilité quant aux effets civils.* — Il est un autre genre de responsabilité qui peut être prononcée contre le marchand et fabricant ; c'est celle dont il est tenu en sa qualité de maître, pour les ouvrages d'or ou d'argent non marqués, qui seroient trouvés dans les ateliers ou appartemens tenus par lui, lors même qu'il ne résulteroit pas qu'il est propriétaire desdits objets. L'application en fut faite au préjudice de Blandin père, fabricant d'orfévrerie, par arrêt de la cour des aides de Paris, du 16 décembre 1763, confirmatif de deux sentences de l'élection de ladite ville, du 9 février de ladite année, et 23 avril 1761, en l'espèce suivante.

Louis Blandin fils, âgé de quinze ans, se disant apprenti metteur en œuvre, fut trouvé saisi de quatre boucles d'argent neuves, fabriquées par lui, sans avoir été marquées d'aucun poinçon ; Blandin père fut condamné par corps, comme garant et responsable civilement des faits de Louis Blandin, son fils mineur, au paiement de l'amende de 400 liv. et aux dépens prononcés contre celui-ci. La cour n'eut aucun égard aux moyens de nullité proposés contre la procédure, ni à l'exception tirée de ce que Blandin fils étoit apprenti metteur en œuvre, ni à ce que la saisie avoit été faite dans la chambre de deux compagnons avec lesquels il travailloit.

La responsabilité appliquée dans le cas précité, est prononcée aussi par l'art. 35 du décret impérial du 2 germinal an 13. Elle est la même que nous voyons exprimée au chap. II du tit. IV liv. III du Code Napoléon ; elle résulte essentiellement de l'art. 1384 (1).

---

Art. 1384. « On est responsable non-seulement du dommage que l'on cause par son propre fait, mais encore de celui qui est causé par le fait des personnes dont on doit répondre, ou des choses que l'on a sous sa garde.

» Le père, et la mère après le décès du mari, sont responsables du dommage causé par leurs enfans mineurs habitant avec eux ;

» Les maîtres et les commettans, du dommage causé par leurs domestiques et préposés dans les fonctions auxquelles ils les ont employés ;

» Les instituteurs et les artisans, du dommage causé par leurs élèves et apprentis pendant le temps qu'ils sont sous leur surveillance.

» La responsabilité ci-dessus a lieu, à moins que les pères et mères, instituteurs et artisans, ne prouvent qu'ils n'ont pu empêcher le fait qui donne lieu à cette responsabilité. »

*De la Confiscation.* — La confiscation est, comme il a été observé plus haut, une peine adhérente au corps du délit ; elle doit avoir lieu pour toutes les marchandises en commerce qui portent les caractères de contravention indiqués par la loi du 19 brumaire an 6 ; il n'est aucun prétexte qui puisse les en exempter.

*Des Amendes.* — Il est des faits de contravention qui tiennent à certains points de la loi, et pour lesquels l'amende est la seule peine que la loi prononce ; tels sont les cas prévus par les art. 72, 73, 74, 75, 76, 78, 79, 81, 86, 87, 92, 113, 114, 115 et 116 de celle du 19 brumaire an 6.

Ces articles n'ont pas besoin de commentaire, ils sont spécifiés de manière à ne pas laisser de doute sur ce qu'ils expriment ; il ne s'agit que de les appliquer chaque fois que le cas se présente en jugement.

On a vu par l'arrêt rapporté ci-dessus, en la cause contre Blandin, que le condamné est contraignable par corps pour le paiement des amendes ; ce principe de jurisprudence ancienne est applicable à toutes les amendes pour contravention prononcée par le tribunal de police correctionnelle. Il fut décidé affirmativement sur la question proposée au conseil d'état par S. Exc. le ministre de la justice, relativement aux amendes prononcées contre un notaire, pour contraventions relatives à son état.

Cette décision fut appuyée aussi sur la jurisprudence des arrêts, sur l'art. 41 de la loi du 22 juillet 1791, sur le décret du 30 mars 1793, qui la maintient à l'égard de tous comptables, fournisseurs, ayant reçu des avances, et des autres débiteurs directs de la nation.

Ce point de droit ne fait pas aujourd'hui la moindre difficulté, il est clairement décidé par l'art. 52 du dernier Code pénal.

Cette loi nouvelle a changé les dispositions de celles antérieures, relativement à l'insolvabilité du débiteur de l'amende; elle a augmenté la durée de la détention, qui, selon le décret du 5 octobre 1791, étoit d'un mois seulement, pour les amendes en matière correctionnelle. Les articles relatifs aux amendes sont rapportés ci-après, pour renseignement seulement, car leur application sort des bornes des fonctions des employés, à qui cet ouvrage est destiné (1).

_______________

(1) Code pénal, liv. I<sup>er</sup>, chap. III.

Art. 52. « L'exécution des condamnations à l'amende,

On voit que l'art. 55 a mentionné la solida-
rité entre les condamnés, pour le paiement des
amendes, comme elle étoit prononcée par la
loi du 22 juillet 1791 : cette disposition, qui
est aussi prononcée par l'art. 37 du décret impérial du 1er. germinal an 13 , nous ramène à

---

aux restitutions , aux dommages-intérêts et aux frais ,
pourra être poursuivie par la voie de la contrainte par
corps.

53. » Lorsque des amendes et des frais seront prononcés au profit de l'état, si, après l'expiration de la
peine afflictive ou infamante, l'emprisonnement du condamné, pour l'acquit de ces condamnations pécuniaires,
a duré une année complète, il pourra , sur la preuve
acquise par les voies de droit de son absolue insolvabilité, obtenir sa liberté provisoire.

» La durée de l'emprisonnement sera réduite à six mois,
s'il s'agit d'un délit; sauf , dans tous les cas , à reprendre
la contrainte par corps, s'il survient au condamné
quelque moyen de solvabilité.

54. » En cas de concurrence de l'amende ou de la confiscation, avec les restitutions et les dommages-inté-
térêts , sur les biens insuffisans du condamné , ces der-
nières condamnations obtiendront la préférence.

55. » Tous les individus condamnés pour un même
crime , ou pour un même délit , sont tenus solidaire-
ment des amendes , des restitutions , des dommages-
intérêts et des frais. »

éclaircir une difficulté qui s'est élevée sous le
régime des lois anciennes, et qui peut se reproduire aujourd'hui.

NN***, prévenus d'escroquerie en matière
de conscription, furent condamnés par la cour
criminelle du département de la Meuse, à un
emprisonnement de deux ans, et chacun à une
amende de 5,000 fr.; cette somme excède, di-
soit-on, le maximum porté par l'art. 35 de la
loi du 22 juillet 1791 ; c'est 20,000 fr. et non
pas 5,000 que le condamné doit payer. Cette
exception fut décidée en ces termes : « Attendu
» que, d'après l'art. 42 de la loi du 22 juillet
» 1791, les amendes de police correctionnelle
» sont solidaires entre les complices ; que la
» cour dont l'arrêt est attaqué a fait, par
» conséquent, une juste application de cette
» loi, en condamnant les réclamans, solidai-
» rement, au paiement des amendes respec-
» tivement prononcées contre eux, etc. »

## SECTION III.

### *Des voies à prendre contre les jugemens.*

Après avoir traité de la manière de constater
les délits du jugement des délinquans, et des
peines qui doivent leur être appliquées, il est à

propos de traiter aussi des voies à prendre contre les jugemens.

Ces voies sont de trois sortes : l'opposition, l'appel, et le recours en cassation ; chacune a des délais péremptoires qui lui sont propres, et pendant leur durée, il doit être sursis à toutes exécutions. Ce principe, établi en matière ordinaire par le tit. VI du liv. V du Code de procédure civile, pour l'opposition et pour l'appel, résulte plus positivement, quant à l'espèce qui est traitée ici, de l'art. 373 du Code d'instruction criminelle.

Il n'est pas permis non plus de s'affranchir d'un degré de juridiction, c'est-à-dire, de recourir en cassation lorsque la voie d'appel est encore ouverte, non plus que de recourir en appel lorsqu'on est encore dans le délai de l'opposition. Ce point se trouve décidé dans un avis du conseil d'état du 1er février 1806 , rapporté au Répertoire de jurisprudence de M. Merlin, aux mots *Opposition aux jugemens*, § III, art. II ; on peut consulter d'ailleurs à ce sujet, le manuel de M. Bourguignon, dans ses notes sur l'art. 150.

*De l'opposition aux jugemens.* — L'opposition est le recours que fait la partie condamnée, contre un jugement de défaut rendu à son préjudice ; elle a l'effet de produire la révision du jugement, lorsqu'elle est faite dans les délais et dans la forme voulue par la loi (1), et que l'opposant se présente pour proposer les moyens : autrement elle seroit comme non avenue, sans qu'il fût nécessaire de nouveau jugement à cet effet.

Il est une opposition d'une autre espèce, c'est celle qui est faite dans l'intérêt des tiers,

---

(1) Code d'instruction criminelle, liv. II, tit. Ier, chap. II.

Art. 187. « La condamnation par défaut sera comme non avenue, si, dans les cinq jours de la signification qui en aura été faite au prévenu ou à son domicile, outre un jour par cinq myriamètres, celui-ci forme opposition à l'exécution du jugement, et notifie son opposition tant au ministère public qu'à la partie civile.

» Néanmoins les frais de l'expédition de la signification du jugement par défaut et de l'opposition, demeureront à la charge du prévenu.

Art. 188. » L'opposition emportera de droit citation à la première audience ; elle sera non avenue, si l'opposant n'y comparoît pas ; et le jugement que le tribunal aura rendu sur l'opposition, ne pourra être attaqué par la partie qui l'aura formée, si ce n'est par appel, ainsi qu'il sera dit ci-après. Le tribunal, etc. »

et qui tend à réclamer contre un jugement dans lequel ils n'ont pas été parties, et dont les dispositions leur sont gravatoires.

Ce genre d'opposition qui a lieu en matière civile, n'est pas reçu en matière criminelle ou de police correctionnelle, ni même contre les décisions de simple police : les recueils d'arrêts fournissent plusieurs décisions qui établissent ce principe.

Nous citons celui du 10 juin 1808, en la cause Darram et Carrier, contre le ministère public : il s'agissoit d'une saisie de tabac faite sur Carrier, conducteur; les sieurs Darram, propriétaires des objets saisis, se portèrent tiers opposans envers le jugement de condamnation; la cour criminelle du Cantal décida que les intéressés auroient pu intervenir pendant l'instance, mais que la tierce-opposition n'étant ouverte, même en matière ordinaire, qu'en faveur de celui qui auroit dû être appelé en cause, et qui n'y a pas été représenté, il ne pouvoit y avoir lieu à l'admettre dans le cas traité, parce qu'elle ne tendroit qu'à remettre en question un délit déjà jugé.

Celui rendu le même mois en la cause du sieur Charles, sur pareille question, par la cour de cassation, rapporté au Répertoire de jurisprudence universelle, au mot *Tierce-opposi-tion* § 2, art. 9, n° 2, contient des développe-mens très-lumineux à ce sujet.

Mathieu Roux fut poursuivi, au nom du mi-nistère public, devant le tribunal de police de Joigny, pour avoir entrepris sur la propriété d'un ruisseau qualifié de rivière publique, qui couloit entre son terrain et celui du sieur Char-les. Roux fut condamné, sur le fondement que cette rivière étoit une propriété publique. Le sieur Charles, prétendant que le ruisseau dé-claré rivière publique, étoit une propriété pri-vée, commune entre lui et Mathieu Roux, a for-mé une tierce-opposition à ce jugement; mais il y a été déclaré non recevable par un autre du 28 avril 1808; et, sur son recours en cassa-tion, il y eut arrêt le 3 juin suivant, au rapport de M. Lombard, qui, « attendu que les » tribunaux de police ne sont institués que » pour prononcer sur les délits que la loi a » placés dans leurs attributions; que les délits » sont personnels; qu'il en est de même des » condamnations qu'ils entraînent; qu'en ma-» tière criminelle un jugement n'existe que » vis-à-vis ceux avec qui il a été rendu; que » dans cette matière la tierce-opposition ne » peut donc être admise; que le demandeur

» en cassation n'ayant pas été compris dans
» la procédure dirigée par le commissaire de
» police du canton de Joigny, contre Mathieu
» Roux, ni dans les jugemens qui ont été ren-
» dus sur cette poursuite, ces jugemens ne
» peuvent, dans aucun cas, lui être opposés ;
» que d'ailleurs la tierce-opposition par lui
» formée contre ces jugemens, ne pouvoit
» avoir qu'un intérêt civil ; qu'elle tendoit
» donc à saisir le tribunal de police, d'une
» action sur laquelle il étoit radicalement in-
» compétent ; que, sous ce rapport particulier,
» comme sous le rapport des principes géné-
» raux, cette tierce-opposition n'étoit pas re-
» cevable, et que le jugement qui l'a rejetée
» est d'ailleurs régulier ; la cour, etc. »

De pareilles questions peuvent se reproduire
en matière de garantie : il ne seroit pas sans
exemple de voir un orfévre ou fabricant, après
condamnation, produire une tierce-opposition
au nom de quelque complaisant qui préten-
droit, par exemple, que les objets saisis en contravention lui appartenoient ; une telle opposition
devroit être repoussée, sauf le recours du prétendu propriétaire contre l'orfévre qui l'auroit compromis en négligeant quelque partie
des obligations imposées par la loi.

*De l'Appel.* — L'appel est une action introduite pour faciliter la réparation des jugemens contradictoires rendus par les juges inférieurs en matière criminelle et de police correctionnelle, ou de simple police; il a l'effet de suspendre toutes exécutions au préjudice du condamné, comme en matière civile.

Le décret impérial du 1er germinal an 13, a tracé les formes propres à ce genre de recours *en matière de droits réunis;* elles sont expliquées au chap. VII dudit décret. On voit, par exemple, qu'il est dit à l'art. 32, que l'appel devra être notifié dans la huitaine de la signification du jugement, et qu'après ce délai il ne sera plus recevable; que la déclaration d'appel contiendra assignation à trois jours devant le tribunal criminel.

Mais ces formes ne sont pas celles qui doivent être observées en matière de garantie : les contraventions relatives à la loi du 19 brumaire an 6, doivent être suivies selon les dispositions de cette loi; et en ce qui n'y est pas prévu, les poursuites doivent être faites selon les règles générales en matière de délit. Tel est le principe jugé par la cour de cassation dans son arrêt du 9 juin 1809, en la cause des droits réunis contre Sègre.

Ensuite d'un procès verbal rédigé contre le sieur Sègre, pour contravention aux lois sur la garantie, il y eut instance et jugement du tribunal correctionnel de Coni, qui renvoya Sègre des poursuites à son préjudice. La régie des droits réunis n'attendit pas la signification du jugement; elle notifia son appel selon les formes indiquées par l'art. 32 du décret impérial du 1er germinal an 13; elle ne fit pas attention que, s'agissant d'un fait de garantie pour lequel la loi du 19 brumaire an 6 n'avoit rien statué, il eût fallu se rapporter, pour l'instruction de la procédure, au Code de brumaire an 4, qui étoit la loi en vigueur à l'époque où celle-ci fut publiée, et qu'elle eût dû déclarer son appel au greffe du tribunal dans les dix jours qui suivirent la prononciation du jugement; elle soutenoit l'appel valable, quoiqu'il eût été notifié treize jours après le jugement, attendu que le décret de germinal permet de le déclarer jusques et pendant les huit jours qui suivent la notification.

Ce système fut accueilli par la cour criminelle de la Sture; elle condamna le prévenu. Mais, sur le recours de celui-ci en cassation, la cour, sur le fondement des art. 194 et 195 du Code de brumaire an 4, et l'art. 1er du décret

du 28 floréal an 13 (1), « Considérant que,
» d'après les dispositions de cet article posté-
» rieur au décret du 1ᵉʳ germinal, la pour-
» suite des délits et contraventions à ladite loi
» du 19 brumaire an 6 doit être faite dans
» les formes qui étoient établies à l'époque de
» cette loi ; que ces formes étoient celles pres-
» crites par le Code des délits et des peines,
» du 13 brumaire an 4, lesquelles conséquem-
» ment ont dû servir de règle dans l'espèce
» actuelle ; qu'il suit de là que l'appel du juge-
» ment du tribunal correctionnel de Coni,
» pour être valable, eût dû être déclaré au
» greffe le dixième jour au plus tard après
» celui qui a suivi sa prononciation ; qu'en
» l'espèce, ledit appel n'a pas été déclaré au
» greffe, mais qu'il a seulement été notifié à
» l'intimé par un exploit à domicile ; qu'il est en
» outre constaté, tant par les pièces de la pro-
» cédure que par l'arrêt attaqué lui-même, que
» le jugement dont étoit appel a été prononcé
» contradictoirement le 2 décembre 1808, et
» que cet appel n'a été interjeté que le 15 du

---

(1) Voir ce décret dans la première partie de cet
ouvrage.

» même mois, conséquemment hors du délai
» prescrit par le Code du 3 brumaire an 4, d'où
» il suit que la cour de justice criminelle du
» département de la Sture devoit prononcer
» purement et simplement la déchéance de
» l'appel ; etc. »

C'est donc le cas de dire que la procédure sur les contraventions à la loi du 19 brumaire an 6, doit être suivie aujourd'hui selon les formes indiquées au nouveau Code d'instruction criminelle, qui remplace, quant à ce, le Code pénal de brumaire an 4; l'appel doit être déclaré au greffe du tribunal qui a rendu le jugement dans les dix jours au plus tard, après celui où il a été prononcé, conformément à l'art. 203 (1) dudit Code, et l'instruction sur cet appel devra être suivie conformément aux autres dispositions qui y sont tracées.

---

(1) Code d'instruction criminelle, liv. II, tit. I<sup>er</sup>, chap. II.

Art. 203. « Il y aura, sauf l'exception portée en l'art. 205 ci-après, déchéance de l'appel, si la déclaration d'appeler n'a pas été faite au greffe du tribunal qui a rendu le jugement, dix jours au plus tard après celui où il a été prononcé; et, si le jugement est rendu par défaut, dix jours au plus tard après celui de la signi-

*Du recours en cassation.* — Le recours en cassation en matière criminelle et de police, comme en matière civile, est la voie ouverte contre les jugemens en dernier ressort ; il n'a d'effet utile que lorsque l'instruction présente quelque vice de forme, ou que la loi a été violée dans l'application de la peine. Il a été introduit, comme le dit l'orateur de la commission de législation dans son rapport sur cette partie du Code d'instruction criminelle, pour empêcher que les officiers chargés d'appliquer la loi, n'entravent la marche de la procédure par leurs négligences, on ne substituent leurs propres idées à la volonté du législateur.

C'est dire assez clairement qu'un recours

---

fication qui en aura été faite à la partie condamnée ou à son domicile, outre un jour par trois myriamètres.

» Pendant ce délai et pendant l'instance d'appel, il sera sursis à l'exécution du jugement.

204. » La requête contenant les moyens d'appel pourra être remise, dans le même délai, au même greffe ; elle sera signée de l'appelant, on d'un avoué, ou de tout autre fondé de pouvoir spécial.

» Dans ce dernier cas, le pouvoir sera annexé à la requête.

» Cette requête pourra aussi être remise directement au greffe du tribunal où l'appel sera porté. »

qui seroit fondé seulement sur quelque prétexte d'injustice, ne seroit pas écouté. L'art. 408
de ce Code indique d'ailleurs les moyens d'ouverture ; tous ceux que l'on peut proposer sont
circonscrits dans les termes dont il se compose.

Le recours en cassation en matière criminelle et de police, peut avoir lieu contre les
arrêts préparatoires et d'instruction, et contre
les jugemens en dernier ressort de cette qualité ; mais il n'est ouvert qu'après l'arrêt ou
jugement définitif. Il est introduit sur l'instance
du ministère public, ou sur le pourvoi de la
partie condamnée, trois jours francs après la
prononciation de l'arrêt au plus tard : les
formes pour ce recours et pour la maniere
de le suivre, sont tracées au chapitre II du
titre III, livre II du Code d'instruction criminelle (1).

Ce qui est exprimé dans cette partie de la

-----

(1) Code d'instruction criminelle, liv. II, tit. III,
chap. II.

Art. 416. « Le recours contre les arrêts préparatoires
ou les jugemens en dernier ressort de cette qualité,
ne sera ouvert qu'après l'arrêt ou le jugement définitif ;
exécution volontaire de tels arrêts ou jugemens pré-

loi, diffère peu de ce qu'on lit dans celle du 3
brumaire an 4 ; les formes et les délais qu'elle
indique, sont de rigueur absolue ; ils doivent

---

paratoires, ne pourra, en aucun cas, être opposée
comme fin de non-recevoir.

» La présente disposition ne s'applique point aux
arrêts ou jugemens rendus sur la compétence.

417. » La déclaration sera faite au greffier par la
partie condamnée, et signée d'elle et du greffier ; et
si le déclarant ne peut ou ne veut signer, le greffier
en fera mention.

» Cette déclaration pourra être faite, dans la même
forme, par l'avoué de la partie condamnée, ou par un
fondé de pouvoir spécial ; dans ce dernier cas, le pouvoir demeurera annexé à la déclaration.

» Elle sera inscrite sur un registre à ce destiné ; ce
registre sera public, et toute personne aura le droit
de s'en faire délivrer des extraits.

418. » Lorsque le recours en cassation contre un
arrêt ou jugement en dernier ressort, rendu en matière
criminelle, correctionnelle ou de police, sera exercé,
soit par la partie civile, s'il y en a une, soit par le
ministère public, ce recours, outre l'inscription énon-
cée en l'article précédent, sera notifié à la partie
contre laquelle il sera dirigé, dans le délai de trois
jours.

» Lorsque cette partie sera actuellement détenue,
l'acte contenant la déclaration du recours lui sera la

être strictement suivis, à peine de déchéance du recours.

Il ne faut pas perdre de vue, relativement

---

par le greffier ; elle le signera, et si elle ne le peut, ou ne le veut, le greffier en fera mention.

» Lorsqu'elle sera en liberté, le demandeur en cassation lui notifiera son recours par le ministère d'un huissier, soit à sa personne, soit au domicile par elle élu. Le délai sera en ce cas augmenté d'un jour par chaque distance de trois myriamètres.

419. » La partie civile qui se sera pourvue en cassation, est tenue de joindre aux pièces une expédition authentique de l'arrêt.

» Elle est tenue, à peine de déchéance, de consigner une amende de 150 fr., ou de la moitié de cette somme, si l'arrêt est rendu par contumace ou par défaut.

420. » Sont dispensés de l'amende, 1° les condamnés en matière criminelle; 2° les agens publics pour affaires qui concernent directement l'administration et les domaines ou revenus de l'état.

» A l'égard de toutes autres personnes, l'amende sera encourue par celles qui succomberont dans leurs recours ; seront néanmoins dispensées de la consigner, celles qui joindront à leur demande en cassation, 1° un extrait du rôle des contributions, constatant qu'elles paient moins de six francs, ou un certificat du percepteur de leur commune, portant qu'elles ne sont point imposées ; 2° un certificat d'indigence à elles délivré par

aux délais, ce qui a été observé plus haut, que
les voies de recours ouvertes aux parties con-
damnées étant de plusieurs espèces, et ayant

---

le maire de la commune de leur domicile ou par son
adjoint, visé par le sous-préfet, et approuvé par le préfet de leur département.

421. » Les condamnés, même en matière correctionnelle ou de police, à une peine emportant privation
de la liberté, ne seront pas admis à se pourvoir en
cassation, lorsqu'ils ne seront pas actuellement en état,
ou lorsqu'ils n'auroit pas été mis en liberté sous caution.

» L'acte de leur écrou ou de leur mise en liberté sous
caution, sera annexé à l'acte de recours en cassation.

» Néanmoins, lorsque le recours en cassation sera mo-
tivé sur l'incompétence, il suffira au demandeur, pour
que son recours soit reçu, de justifier qu'il s'est actuellement constitué dans la maison de justice du lieu où
siége la cour de cassation ; le gardien de cette maison
pourra l'y recevoir, sur la représentation de sa demande adressée au procureur général près cette cour,
et visée par ce magistrat.

422. » Le condamné ou la partie civile, soit en
faisant sa déclaration, soit dans les dix jours suivans,
pourra déposer au greffe de la cour ou du tribunal qui
aura rendu l'arrêt ou le jugement attaqué, une requête
contenant ses moyens de cassation ; le greffier lui en
donnera reconnoissance, et remettra sur-le-champ cette
requête au magistrat chargé du ministère public. »

chacune des délais déterminés, elles ne peuvent pas franchir un degré de juridiction et former leurs recours en voie de cassation, lorsqu'elles auroient encore le moyen de se pourvoir par opposition ou par appel.

Par la même raison, comme tous les délais que la loi accorde sont essentiellement utiles, c'est le cas de dire que, pour le recours en cassation, les trois jours accordés par l'art. 418 ne se comptent qu'après celui de l'échéance pour l'opposition ou pour l'appel.

La peine de déchéance prononcée pour les cas d'omission ou de négligence des dispositions, indiqué par le Code, soit relativement aux délais, soit relativement aux formes qu'il prescrit, est absolue ; elle frappe indifféremment sur les poursuites exercées au nom du gouvernement, comme sur celles exercées par les particuliers. Les recueils des arrêts nous fournissent plusieurs exemples de cette sévérité de principes qui, quoique jugés sous l'empire du Code de brumaire an 4, n'en font pas moins règle de jurisprudence pour les cas qui s'y trouvent décidés.

Ce point se trouve décidé en matière civile, par un arrêt rendu par la cour de cassation, le 23 brumaire an 10, dans une cause d'entre la

commune de Grandville et le domaine national,
poursuite et diligence du préfet du Calvados.
Il y eut recours en cassation de la part de celui-
ci, la requête fut présentée en temps utile ;
mais l'on n'y joignit pas de copie du jugement
dénoncé : cette copie fut jointe après l'expiration des trois mois. La section des requêtes
admit le pourvoi devant la section civile ; la
commune a soutenu que le pourvoi étoit nul,
et a conclu à la déchéance. Sur ce, la cour :
« Attendu que, des lois des 29 novembre 1790
» et 3 brumaire an 4, il résulte la nécessité
» pour tous, sans distinction, de se pourvoir
» en cassation dans le délai de trois mois (en
» matière civile), et de joindre à la requête en
» pourvoi, la copie signifiée ou une autre ex-
» pédition du jugement dénoncé, déclare le
» pourvoi nul et le demandeur déchu.

Un autre arrêt de la même cour, du 7 janvier 1808, rendu en matière de droits réunis,
décida le point relatif à l'observation des délais en ces termes : « Considérant que l'arrêt
» de la cour de justice criminelle de la Loire-In-
» férieure a été rendu contradictoirement le
» 4 *décembre* 1807, entre la régie des droits
» réunis dans le même département, et les sieurs
» Rossi et Laurent, d'autre part ; que néan-

» moins le pourvoi n'a été formé que *le* 10
» *décembre* 1807; que le délai, pour se pour-
» voir contre les arrêts rendus par les cours
» de justice criminelle, sur appel des jugemens
» de police correctionnelle, est limité au dé-
« lai de trois jours, par les art. 205 et 240
» du Code des délits et des peines; que le pour-
» voi dont s'agit ayant été formé hors du
» délai fatal prescrit par les articles cités, il
» y a lieu à déclarer le pourvoi non receva-
» ble; etc. »

Ce pourvoi étoit effectivement non recevable; il eût dû être fait le 8 dudit mois de décembre, c'est-à-dire, le cinquième jour, y compris celui de la prononciation de l'arrêt. C'est
de cette manière qu'on doit entendre le délai
de trois jours énoncé dans l'art. 418 du nouveau Code d'instruction criminelle (1). C'est
ainsi qu'étoit entendu l'art. 440 du Code de
brumaire an 4. Parmi les nombreux arrêts qui
ont fixé la jurisprudence à ce sujet, nous nous
contenterons de citer celui rendu par la cour

---

(1) C'est ainsi que l'a pensé aussi M. Bourguignon,
comme on le voit dans son Manuel, aux notes mises
sur l'art. 413 du Code d'instruction criminelle.

souveraine le 21 février 1806, en la cause du
sieur Meuse, contre la régie des droits réunis :
Meuse excipoit de fin de non-recevoir ; il fut
jugé que le recours en cassation fait le cinquième jour, compris celui de la prononciation
de l'arrêt attaqué, est fait en temps utile.

## SECTION IV.

### *De l'exécution des jugemens ou arrêts.*

L'exécution des jugemens, en ce qui touche
à l'administration, se réduit à faire faire la
vente des effets saisis, lorsque la confiscation est
déclarée, ou à leur restitution, lorsqu'elle est
ordonnée : c'est aussi à elle qu'il appartient
d'établir les tableaux de répartition des produits des ventes, pour les distribuer selon ce
qui est indiqué par la loi.

*De la restitution des effets.* — La restitution des effets saisis peut être ordonnée pour
différens motifs : d'abord, lorsque la saisie est
déclarée mal fondée, et qu'ils sont trouvés au
titre et revêtus du poinçon légal, ou reconnus
dans le cas d'exception qui les en dispense ;
ensuite, lorsqu'en reconnoissant l'existence du
délit ou d'une erreur matérielle masquée par
le poinçon du titre, le tribunal ne pourroit

pas, sans risquer d'être injuste, appliquer la peine que la loi prononce à celui qui en est trouvé nanti.

Pour le premier cas, ces effets doivent être restitués tels qu'ils ont été saisis.

Pour le second cas, ils doivent être brisés avant d'être rendus, puisque si l'on en *usoit* autrement, ce seroit s'exposer à voir remettre ces mêmes ouvrages dans le commerce.

C'est ici une de ces circonstances embarrassantes de l'espèce de celles prévues dans la lettre de l'administration des monnoies, du 5 fructidor an 13, rapportée dans les notes sur l'art. 108 de la loi du 19 brumaire an 6; et dans l'impossibilité où l'on est de trouver le coupable, il faut appliquer l'art. 57, et détruire l'ouvrage avant de le rendre à l'orfévre.

La restitution peut encore être ordonnée, quoique l'objet saisi soit reconnu dépourvu de marque; mais c'est seulement dans les cas extraordinaires et favorables, prévus aux considérans posés dans l'arrêt du 8 frimaire an 14, en la cause rapportée à la page 39, d'entre Joanneau et la régie des droits réunis, où il seroit décidé qu'il n'y a de la part de l'orfévre, ni fraude, ni négligence, et qu'il étoit nanti de l'ouvrage trouvé chez lui, depuis trop peu de temps, pour qu'il eût pu l'apporter au bureau pour y être marqué; alors il est certain que ces sortes d'ouvrages ne doivent être rendus qu'après avoir été marqués, et avoir acquitté les droits de garantie et d'essai dont ils sont passibles.

Pour ce cas, comme pour le cas où ils devront être brisés, la remise doit en être faite au contrôleur, qui est chargé de les remettre au marchand ou fabricant, après avoir rempli à leur égard les dispositions qui seront indiquées par le jugement. Le contrôleur devra tenir procès verbal de ce qui sera fait dans ces sortes de circonstances, comme sortant des cas ordinaires, et en adresser une expédition à l'administration des monnoies.

*De la vente des effets.* — Toutes les fois que la confiscation aura été prononcée, et qu'il n'y aura pas de recours dans les délais de droit, la vente des objets tombés en confiscation sera faite aux enchères publiques, par le receveur de la garantie, et dans son bureau, cinq jours après l'affiche signée de lui, qui aura dû être placardée principalement à la porte de la maison commune, et à celle de l'auditoire du juge de paix.

Ces dispositions sont prises de l'art. 33 du décret impérial du 1er germinal an 13 ; ce décret a changé en cela celles de l'art. 104 de la loi du 19 brumaire an 6, qui ordonne que les effets tombés en confiscation seront remis au receveur de l'enregistrement pour être vendus.

Ces ventes ne sont assujetties à aucunes autres formalités que celles mentionnées à l'art. 33 précité ; elles se font sur une première mise à prix qui est déterminée par un huissier ou commissaire-priseur appelé à cet effet ; l'adjudication a lieu par voie d'enchères, au profit du plus offrant et dernier enchérisseur ; il sera tenu procès verbal régulier desdites ventes.

Il peut également y avoir lieu à la vente des effets finis et au titre, mais non marqués, et d'effets aussi non marqués, mais à faux titre : car, dans cette dernière classe, quoique la quantité de fin qu'ils contiennent ne fût pas celle voulue pour le titre le plus bas, il est toujours certain que la matière a une valeur réelle qu'il convient de faire tourner au bénéfice du gouvernement ; alors, et chaque fois qu'il s'agira de la vente des effets au titre, et non marqués, ils devront être marqués préalablement, en se conformant à ce qui est dit aux art. 55 et 56

de la loi du 19 brumaire; à l'égard de ceux à
bas titre, ils seront brisés et dénaturés, comme
il a été déjà dit sur le paragaraphe précédent,
et la vente de la matière se fera au poids, en
se réglant, autant que possible pour les lots,
de manière à en tirer le parti le plus avantageux.

*De la répartition des produits de vente.*
—Nous avons vu que les dispositions réglées
en matière de droits réunis pour la répartition
des amendes et confiscations, ne sont point
applicables aux contraventions à la garantie:
la loi du 19 brumaire an 6 est la seule applicable ; donc il ne peut être question de la répartition des amendes, car l'art. 104 de cette loi
les réserve en totalité au gouvernement.

Le même article lui réserve aussi les huit
dixièmes du produit de vente des objets confisqués ; un dixième est accordé à la personne
qui la première a dénoncé le délit ; de manière
que la seule partie à partager se réduit à un
dixième *divisible* par portions égales entre les
employés du bureau de garantie.

Le mode de répartition est alors fort aisé,
il est conçu dans la forme comme aux modèles

ci-après. Le partage ne se fait que sur la somme qui reste libre après l'acquittement des frais de vente, dans lesquels sont compris les frais d'affiche et de publication, ainsi que ceux de la prisée.

## MODÈLES ET TABLEAUX.

N° 1. *Procès-verbal de saisie d'objets dépourvus de la marque légale.*

Cejourd'hui. . . . . du mois de. . . . . de l'an. . . . . à. . . . heures du. . . . . à. . . . . nous. . . . . contrôleur de la garantie pour la marque des effets d'or et d'argent, ayant domicile en notre bureau de garantie, situé en cette ville, rue. . . . . porte n°. . . . . accompagné de M. . . . . commis à pied de la régie des droits réunis, receveur de la garantie, ayant tous deux serment en justice, assistés de M. . . . . commissaire de police du. . . . . arrondissement, et requis par nous à l'effet de nous accompagner dans les visites que nous nous proposions de faire chez les marchands orfévres, bijoutiers, horlogers et autres trafi-

cans d'orfévrerie et dorures dans cette résidence.

Nous sommes transportés à la maison de
commerce de M..... marchand (spécifier le
genre de commerce qu'il exerce), sise en cette
ville, rue.... section.... porte n°.... où
étant et parlant à (spécifier le nom et le pré-
nom de la personne à qui l'on parle), ainsi qu'il
nous a déclaré d'être, nous lui avons exhibé
nos commissions, et lui avons déclaré que l'objet
de notre transport est de procéder à la visite
et examen des ouvrages et marchandises d'orfévrerie, bijouterie et dorure qu'il a dans son
commerce, afin de nous assurer qu'ils sont revêtus de poinçon de garantie du titre voulu par
la loi; le sommant de nous représenter lesdits
ouvrages, et de nous ouvrir ses armoires,
tiroirs et bijoutières, pour faciliter nos recherches.

Le sieur...... adhérant à notre réquisition (1), et nous ayant représenté les ouvrages

_______________

(1) Il est des cas où, soit le marchand ou fabricant,
soit la personne qui le représente, refusent de déférer
à la sommation qui leur est faite; mais pour cela, la
visite ne doit pas être suspendue, le commissaire de
police doit requérir à l'instant un serrurier pour l'ou-

et les marchandises qu'il avoit alors en sa possession, nous avons reconnu (ici il s'agira d'expliquer pièce par pièce les articles qui ont été
trouvés dépourvus de marque de la garantie,
soit qu'il y ait absence absolue, soit qu'il y ait
une marque ou empreinte dont l'employé sus-
pecte la légalité, soit enfin qu'ils présentent une
apparence quelconque de contravention ).

Ayant observé audit sieur. . . . . . que pour
les objets sus-énoncés il a négligé d'exécuter la
loi du 19 brumaire an 6, et qu'il est passible
des peines qu'elle prononce, il a déclaré (faire
mention des dires de la personne exercée).

Et attendu que les objets ci-dessus spécifiés
sont en contravention aux articles. . . . . de
la loi du 19 brumaire an 6, nous contrôleur
susdit en avons déclaré saisie audit sieur. . . .
et les avons soigneusement renfermés, en sa
présence, au nombre de. . . . . pièces, dans
une petite boîte, qui a été de suite ficelée et
scellée de cire rouge, avec empreinte de notre
cachet, de celui de M. le commissaire de po-

---

verture des portes et armoires. Il est fait mention de
toutes ces circonstances, comme aussi du cas de rebellion.

lice présent, et de celui dudit sieur. . . . .
(ou bien, non de celui dudit sieur. . . . . qui
a refusé de le mettre, quoique requis), lui
ayant déclaré que nous allions faire de suite
le dépôt desdites boîte et marchandises au
greffe du tribunal civil, conformément au prescrit de l'art. 103 de la loi précitée (1).

De tout quoi nous avons rédigé à l'instant,
et sans désemparer, le présent verbal, qui a été
signé par nous contrôleur et employé prénommés, par M. le commissaire de police, et par
ledit sieur. . . . . . (dans le cas où la partie
présente pourroit ou ne voudroit signer, il en
sera fait mention).

———

Nº 2. *Procès verbal de saisie dans une
maison de personnes non négociantes,
sur l'indication d'un dépôt frauduleux.*

Nous avons vu, par les dispositions de l'article 101 de la loi du 19 brumaire an 6, qu'il
est des cas où les visites peuvent être poussées
même chez les particuliers non négocians,

———

(1) Voir la note mise sur cet article.

en se conformant aux constitutions de l'Empire (1) ; mais comme de telles visites ne peuvent avoir lieu que dans des cas bien extraordinaires, et sur des indices positifs d'un dépôt
frauduleux, les employés doivent user de toutes
les précautions propres à les sauver de toute
responsabilité personnelle, et énoncer les causes
de leurs recherches.

Cejourd'hui, etc., nous, etc., ayant été
averti positivement qu'il a été fait dépôt dans
la maison du sieur. . . . . sise en cette commune, rue. . . . . porte n°. . . . . d'une cassette contenant des objets d'orfévrerie et bijouterie non déclarés à notre bureau, ce qui sup-
pose la fraude de la part du dépositaire ; voulant nous assurer de la qualité des susdits effets,
et s'ils sont pourvus des poinçons de la garantie, nous nous sommes transportés avec
M. . . . . commis aux exercices pour les droits
réunis, ayant serment en justice, et M. . . . .
commissaire de police en cette ville, pour ce
requis, à ladite maison et à l'appartement
du. . . . . étage, tenu par M. . . . . qui nous

---

(1) Voir les notes sur l'art. 106, loi du 19 brumaire
an 6.

a été indiqué comme dépositaire de la caisse susdite, où étant et en parlant à. . . . . dudit, ainsi qu'il a déclaré d'être, nous l'avons invité, et au besoin sommé et requis de nous remettre la cassette contenant bijoux à lui déposée par un quidam dont nous ignorons le nom, et que nous supposons contenir des effets dépendans du commerce d'orfévrerie, bijouterie, ou dorure, pour en faire la visite, et nous assurer qu'ils sont au titre voulu par la loi, sinon permettre nos recherches de ladite cassette dans son domicile, et de nous ouvrir à cet effet ses appartemens et ses armoires, etc., etc. (Pour le surplus, le procès verbal doit être comme au n° 1.)

—

N° 3. *Procès verbal pour les cas de contravention aux art.* 72, 73, 74, 75, 76, 78, 79, 81, 86, 87, 113, 114, 115 *ou* 116 *de la loi du* 19 *brumaire an* 6.

Indépendamment des contraventions relatives aux dispositions de la loi sur la garantie du titre, il en est aussi qui se rattachent seulement aux règles de police établies par cette même loi du 19 brumaire an 6, pour l'exercice du commerce d'orfévrerie et dorures :

celles-ci doivent être aussi constatées régulièrement, car elles entraînent, comme les autres,
des dispositions pénales contre les contrevenans.

Cejourd'hui, etc.; nous, etc.

( Après le préambule et le réquisitoire comme
au nº 1, on insérera ce qui suit.)

Le sieur. . . . . adhérant à notre réquisition, et nous ayant montré la totalité des ouvrages qu'il a en son pouvoir, et les ayant
trouvés munis du poinçon du titre et de celui
du fabricant pour toutes les parties qui en sont
susceptibles, nous l'avons invité à nous représenter les registres de son commerce, pour en
constater l'état, et voir s'ils sont tenus conformément au prescrit de la loi.

Ces registres nous ayant été exhibés, nous
avons reconnu ( ceci est relatif seulement au
cas où ils ne seroient pas trouvés en règle, alors
il faut détailler les irrégularités ), et attendu
que, pour les motifs ci-dessus détaillés, ledit
sieur. . . . . est passible des peines portées à
l'art. 80 de la loi du 19 brumaire an 6, nous
lui avons déclaré verbal de contravention aux
articles ( rappeler les articles auxquels on est
contrevenu ), pour cause de quoi nous avons
rédigé le présent sans désemparer, et qui a

été signé par nous, contrôleur, commis des droits réunis et commissaire de police prénommés, ainsi que par ledit sieur. . . . . . de ce requis ( ou faire mention du refus ), lui déclarant qu'il en sera fait remise à M. le procureur impérial près le tribunal d'arrondissement, conformément à l'art. 102 de ladite loi du 19 brumaire, dans les délais de droit.

*N. B.* Il est des cas où il y a cumulation de contraventions, tant par rapport à la tenue des registres que pour raison d'absence du poinçon du titre sur les ouvrages finis, ou pour toute autre cause : alors il n'y a pas de difficulté qu'elles soient toutes rapportées dans le même procès verbal; mais il est nécessaire, pour plus de clarté dans la discussion, et pour faciliter l'application des peines que la loi prononce, qu'il soit fait un paragraphe séparé pour chaque point de contravention dont seroient frappées une ou plusieurs pièces.

Tableau d'emplacement des Bureaux de garantie, pour la marque des matières d'or et d'argent dans l'étendue de l'Empire français, avec le signe caractéristique de chacun d'eux.

| DÉPARTEMENS. | BUREAUX. | SIGNE caractéristique. |
|---|---|---|
| Ain | Trévoux | 1. |
| Aisne | Laon | 2. |
| Allier | Moulins | 3. |
| Alpes (Basses-) | Digne | 4. |
| Alpes (Hautes-) | Gap | 5. |
| Alpes-Maritimes | Nice | 6. |
| Ardèche | Privas | 7. |
| Ardennes | Mézières | 8. |
| Ariége | Foix | 9. |
| Aube | Troyes | 10. |
| Aude | Carcassonne | 11. |
| Aveyron | Rodés | 12. |
| Bouches-du-Rhône | Marseille | 13. |
|  | Aix | 13*. |
|  | Tarascon | 13**. |
| Calvados | Caen | 14. |
| Cantal | Aurillac | 15. |
| Charente | Angoulême | 16. |
| Charente-Inférieure | La Rochelle | 17. |
|  | Saintes | 17*. |
| Cher | Bourges | 18. |
| Corrèze | Tulles | 19. |
| Côte-d'Or | Dijon | 20. |
| Côtes-du-Nord | Saint-Brieuc | 21. |
| Creuse | Gueret | 22. |
| Dordogne | Périgueux | 24. |
| Doubs | Besançon | 25. |

| DÉPARTEMENS. | BUREAUX. | SIGNE caractéristique. |
|---|---|---|
| Drôme . . . . . . . | Valence . . . . . . | 26. |
| Dyle . . . . . . . . | Bruxelles . . . . . | 27. |
|  | Louvain . . . . . . | 27*. |
| Escaut . . . . . . . | Gand . . . . . . | 28. |
|  | Oudenarde . . . . | 28*. |
| Eure . . . . . . . | Évreux . . . . . . | 29. |
| Eure-et-Loir . . . . | Chartres . . . . . | 30. |
| Finistère . . . . . . | Brest . . . . . . . | 31. |
| Forêts . . . . . . . | Luxembourg . . . | 32. |
| Gard . . . . . . . | Nîmes . . . . . . . | 33. |
|  | Alais . . . . . . . | 33*. |
| Garonne ( Haute- ) . . | Toulouse . . . . | 34. |
| Gers . . . . . . . | Auch . . . . . . | 35. |
| Gironde . . . . . . | Bordeaux . . . . | 36. |
| Hérault . . . . . . | Montpellier . . . | 38. |
| Ille-et-Vilaine . . . | Rennes . . . . . | 39. |
|  | Saint-Malo . . . . | 39*. |
| Indre . . . . . . . | Châteauroux . . . | 40. |
| Indre-et-Loire . . . | Tours . . . . . . | 41. |
| Isère . . . . . . . | Grenoble . . . . | 42. |
| Jemmapes . . . . . | Mons . . . . . . | 43. |
|  | Tournai . . . . . | 43*. |
| Jura . . . . . . . | Lons-le-Saulnier . | 44. |
| Landes . . . . . . | Mont-de-Marsan . | 45. |
| Léman . . . . . . . | Genève . . . . . | 46. |
| Loir-et-Cher . . . | Blois . . . . . . | 48. |
| Loire . . . . . . . | Saint-Étienne . . | 49. |
| Loire ( Haute- ) . . | Le Puy . . . . . | 50. |
| Loire-Inférieure . . | Nantes . . . . . | 51. |
| Loiret . . . . . . . | Orléans . . . . . | 52. |
| Lot . . . . . . . | Cahors . . . . . | 53. |
| Lot-et-Garonne . . . | Agen . . . . . . | 54. |
| Lozère . . . . . . | Mende . . . . . . | 55. |
| Lys . . . . . . . . | Bruges . . . . . | 56. |
|  | Ypres . . . . . . | 56*. |
| Maine-et-Loire . . . | Angers . . . . . | 57*. |

| DÉPARTEMENS. | BUREAUX. | SIGNE caractéristique. |
|---|---|---|
| Manche . . . . . . . | Saint-Lo. . . . . | 58. |
|  | Valognes . . . . | 58*. |
| Marengo. . . . . . . | Alexandrie. . . . | 59. |
|  | Asti. . . . . . . | 59*. |
| Marne. . . . . . . . | Châlons . . . . . | 60. |
|  | Reims . . . . . . | 60*. |
| Marne (Haute-) . . . | Chaumont . . . . | 61. |
|  | Langres . . . . . | 61*. |
| Mayenne . . . . . . | Laval . . . . . . | 62. |
| Meurthe . . . . . . | Nancy. . . . . . | 63. |
|  | Pont-à-Mousson. . | 63*. |
|  | Lunéville . . . . | 63**. |
| Meuse. . . . . . . . | Bar-sur-Ornain . . | 64. |
|  | Verdun . . . . . | 64*. |
| Meuse-Inférieure . . | Maëstricht . . . . | 65. |
|  | Ruremonde . . . . | 65*. |
| Mont-Blanc . . . . . | Chambéry . . . . | 66. |
| Mont-Tonnerre. . . . | Mayence . . . . | 67. |
|  | Spire . . . . . . | 67*. |
| Morbihan . . . . . . | Vannes . . . . . | 68. |
| Moselle . . . . . . . | Metz . . . . . . | 69. |
| Nèthes (Deux-). . . | Anvers . . . . . | 70. |
|  | Breda. . . . . . | 70*. |
| Nièvre . . . . . . . | Nevers . . . . . | 71. |
| Nord . . . . . . . . | Lille . . . . . . | 72. |
|  | Valenciennes. . . | 72*. |
|  | Dunkerque. . . . | 72**. |
| Oise . . . . . . . . | Beauvais. . . . . | 73. |
| Orne . . . . . . . . | Alençon . . . . . | 74. |
| Ourthe . . . . . . . | Liége . . . . . . | 75. |
| Pas-de-Calais. . . . | Arras . . . . . . | 76. |
|  | Saint-Omer . . . | 76*. |
| Pô et Doire . . . . | Turin . . . . . . | 77. |
| Puy-de-Dôme . . . | Clermont . . . . | 78. |
| Pyrénées (Basses-) . | Pau. . . . . . . | 79. |
|  | Baïonne. . . . . | 79*. |
| Pyrénées (Hautes-). | Tarbes . . . . . | 80. |

| DÉPARTEMENS. | BUREAUX. | SIGNE caractéristique. |
|---|---|---|
| Pyrénées-Orientales. | Perpignan . . . . . | 81. |
| Rhin ( Bas-) . . . . | Strasbourg . . . . | 82. |
| Rhin ( Haut-). . . . | Colmar . . . . . . | 83. |
| | Montbéliard . . . | 83*. |
| | Saint-Ymier . . . | 83**. |
| Rhin-et-Moselle. . . | Coblentz. . . . . | 84. |
| Rhône. . . . . . . | Lyon . . . . . . | 85. |
| Roër . . . . . . . | Aix-la-Chapelle . . | 86. |
| | Cologne. . . . . | 86*. |
| Sambre-et-Meuse . . | Namur . . . . . | 87. |
| Saône ( Haute-). . . | Vesoul . . . . . | 88. |
| Saône-et-Loire . . . | Mâcon. . . . . . | 89. |
| Sarre . . . . . . . | Trèves . . . . . | 90. |
| Sarthe. . . . . . . | Le Mans. . . . . | 91. |
| Seine . . . . . . . | Paris . . . . . . | rien. |
| Seine-et-Marne . . . | Melun. . . . . . | 93. |
| Seine-et-Oise. . . . | Versailles . . . . | 94. |
| Seine-Inférieure. . . | Rouen. . . . . . | 95. |
| | Le Hâvre . . . . | 95*. |
| Sésia . . . . . . . | Verceil . . . . . | 96. |
| Sèvres ( Deux-) . . . | Niort . . . . . . | 97. |
| Somme . . . . . . | Amiens . . . . . | 98. |
| Sture . . . . . . . | Coni . . . . . . | 99. |
| Tarn . . . . . . . | Castres . . . . . | C 1. |
| Var. . . . . . . . | Toulon . . . . . | C 2. |
| | Grasse. . . . . . | C 2*. |
| Vaucluse. . . . . . | Avignon . . . . . | C 3. |
| Vendée . . . . . . | Fontenai . . . . | C 4. |
| Vienne . . . . . . | Poitiers . . . . . | C 5. |
| Vienne ( Haute-) . . | Limoges . . . . . | C 6. |
| Vosges . . . . . . | Epinal . . . . . | C 7. |
| Yonne . . . . . . | Auxerre . . . . . | C 8. |
| | Sens . . . . . . | C 8*. |
| Taro. . . . . . . | Parme. . . . . . | A. |
| | Plaisance . . . . | A*. |
| Gênes. . . . . . . | Gênes . . . . . | B. |
| Apennins . . . . . | Chiavari. . . . . | C. |

| DÉPARTEMENS. | BUREAUX. | SIGNE caractéristique. |
|---|---|---|
| Monténotte. . . . . | Savone . . . . . | D. |
| Méditerranée. . . . | Livourne . . . . | E. |
| Arno . . . . . . . | Florence. . . . . | F. |
| Ombrone . . . . . | Sienne . . . . . | G. |
| Tarn-et-Garonne . . | Montauban. . . . | 53*. |
| Rome . . . . . . . | Rome . . . . . | H. |
| Trasimène. . . . . | Spoletto . . . . | J. |
|  | Perruggia . . . . | J*. |
| Bouches-de-l'Escaut. | Middelbourg . . . | K. |
| Bouches-du-Rhin . . | Bois-le-Duc . . . | L. |
| Zuyderzée . . . . . | Amsterdam. . . . | M. |
|  | Utrecht . . . . | M*. |
| Bouches-de-la-Meuse. | La Haye. . . . . | N. |
|  | Roterdam . . . . | N*. |
| Yssel-Supérieur. . . | Arnhem . . . . . | O. |
| Bouches-de-l'Yssel. . | Zwol . . . . . | P. |
| Ems-Occidental. . . | Groningue . . . . | Q. |
| Ems-Oriental. . . . | Aurich . . . . . | R. |
| Frise . . . . . . . | Leuwarden. . . . | S. |
| Lippe . . . . . . . | Munster . . . . | T. |
| Bouches-de-l'Elbe. . | Hambourg . . . . | U. |
|  | Lubeck . . . . . | U*. |
| Bouches-du-Weser . | Brème. . . . . | X. |
| Ems-Supérieur . . . | Osnabruck . . . . | Y. |
| Simplon . . . . . . | Sion . . . . . . | Z. |

FIN.

18

# TABLE DES MATIÈRES.

## PREMIÈRE PARTIE.

## DEUXIÈME PARTIE.

FIN DE LA TABLE.

---

## ERRATA.

Page 7, note 2, supprimez les mots *V. la table.*

Pag. 25, ligne 9, au lieu de : sur la cause *contré-poinçon*, lisez : sur la cause contre Ponçon, et supprimez les mots *V. la table.*

Pag. 26, ligne 3 de la note, au lieu de : Molinier, lisez : Moulinier.

Pag. 59, ligne dernière, au lieu de : pour et sur la partie, etc., lisez : et la partie, etc.

Pag. 62, première ligne, au lieu de : du 28 floréal suivant, lisez : du 28 floréal an 13.